拈自己抄《ねんじこしょう》

内山興正

大法輪閣

拈自己抄　目次

前編

後編

結着編

装丁・山本太郎

前編

拈自己抄――前編（第一回）

◆「御いのち抄」のこと

日記を繰《く》ってみますと、昭和六十二年（一九八七）三月三十一日に、まず「あたまといのち」を書き始め、四月二日に「『御いのち抄』書き終わる」とあるのが、私の「御いのち抄」第一回の稿でした。この当初から私は自分の一生の求道の総決算を、詩みたいな形で書こうと思い立ち、しかも同時に始めからこの仕事には丸三年かけようと思っておりました。

ところがこの年の秋、喀血《かっけつ》し、また続いて風邪をひいて寝こみ、さらに翌年（一九八八）も一月から二月にかけて風邪をひき、そしてまた喀血、しかし何とか二月二十日の宗仙寺《そうせんじ》の味読会には起きて出かけ、つとめることができました。けれどそのあと、また喀血してしまったので「もはやこれまで」と観念し、二月終わりには、十年間続けてきた宗仙寺味読会を打ち切りにさせていただく旨の挨拶状を諸方に出してやめました。
以後すべてをやめて気楽になったわけですが、とにかくこの年も喀血をしばしば繰り返しつつほとんど寝て暮らしました。その間この「御いのち抄」だけは、いよいよ切実なわが身現在の問題として打ちこみ、推敲しつつ、病床も手離さず書き加えてゆきました。そしてだんだんとその面目が改まってゆくにつれ、その都度全体を書き改めては、小さい冊子をつくり変えていったので、一時は「御いのち手帖」と題しておりました。私の病床における手帖という気持ちをこめていたのです。

そんなふうにとにかく、病中に推敲し、書き加え、またこれを書き改めて新しく手帖の形で綴《と》じると、また発熱し寝こんでしまうことが度重なったので、家内は新しく書き直して製本することを恐れるようになっていました。しかしこれを繰り返し二十九回稿を改め、平成二年（一九九〇）正月に原稿を出版社に渡してからも推敲し、ついにゲラの段階でさらに訂正したので結局前後三十回目で本として刊行したわけです。

この「御いのち抄」はまた当初、なんといっても私は仏教僧侶としてずっときていますので、仏教を主体としてまとめるつもりでした。ところがその途中から、この初めの方針が変わったのです。というのは六十三年（一九八八）夏の始め、いつも私の処に来られ親しくしている原奈緒さんという女性が「子宮癌で手術する」という手紙を、信州にいる私の処へよこされました。いつも私の本を愛読され、私の話もよく聞いて下さっている方なのでしたが、なお一期《いちご》に臨む心構えを確かめるつもりで、当時執筆中の「御いのち抄」をコピーして送った次第です。

八月ごろ原さんから手術が無事済み退院したという報《しら》せがあり、秋、私が木幡《こはた》に帰った十月には訪ねてこられるという便りがありました。しかし私自身まだ調子もよくなかったし、原さんも手術後だから無理をされない方がいいとお断りしたのでした。

ところが十一月十七日には何の連絡もなしに、突然原さんがやって来られたのです。久しぶりにお目にかかり、まあ手術が無事済んでよかったと悦《よろこ》んだ次第でしたが、まだ何となしに弱っておられるように見えます。でも手術後だからであろうと思ってお別れしたことでした。

ところが十二月二日に癌が再発したというお手紙をご当人から受け取り、私はまた早速力づけるつもりの手紙を書いたのでしたが、これが着いたか着かぬかのとき、十二月七日、原奈緒さん逝去の報せを弟さんから受け取りました。これは全く私にとってショックでした。

癌がそんなに急激に進行して亡くなるものではなかろうに、これは自殺に違いないと、私は直感せずにはいられなかったのです。――そういえば私が引導のつもりで書き送っている仏教の言葉は、死を前にした人、例えばもはや死を宣告された癌患者、あるいは死刑囚、さらにあるいは明日のない老人など、既に死に傾斜してしまっている人たちに、果たして生きる希望を与え得るであろうかという思いが私を捉えました。仏教の究極は要するに「生をも滅し已《おわ》る涅槃」ですが、これでは既に死に傾斜した人に、改めて生きる希望をもたせることができないのではないか。

——その後、医師、横関先生にお聞きしたら、原さんの場合、心臓病をもっておられたのでしたが、そういう場合には、突然亡くなる場合もあるといわれました。でもその時もはや私にとっては、原さんが自殺であったかどうかは問題でなくなっていました。かえってただ人間として寿命のある限りは最後の最後まで、病人であろうと、死刑囚であろうと、老人であろうと、どこまでも希望をもって生きてほしいという一事でした。

初めからこの「御いのち抄」は仏教という宗派的宗教の話を書くつもりで始めているのではなく、あらゆる人に通ずる「自己の真実のいのち」のことなのでしたから、この際仏教だけではなくキリスト教もひっくるめて書くべきだと、この時を転機として俄《にわ》かに私の方針は変わりました。

この問題につき既に以前、朝日カルチャーセンターの「人生科講義」のなかで、伊沢記念男さん（重度の身体障害をもちながら、これを乗り越えて牧師さんになられた茨城県水海道《みつかいどう》のお方）の話を紹介したことがあります。例えば『新約』ヨハネ伝九章の始めに「イエス途往《みちゆ》くとき、生まれながらの盲人《めしい》を見給《たま》いたれば、弟子たち問いて言う『ラビ、この人の盲目《めしい》にて生まれしは、誰の罪によるぞ、己《おのれ》のか親のか』。イエス答え給う『この人の罪にも親の罪にもあらず、ただ彼の上に神のみ業《わざ》の顕《あら》われん為なり』」とあります。

もしこのような障害をもつ人について仏教ならば何というでしょう。おそらく過去の業《ごう》であるとか、あるいは諦《あきら》めることが肝心だとかいうのではないでしょうか。でもそれではあまりにも救いも慰めもなさすぎます。そして生きる希望や力を与えることがないのではないか。その点、キリスト教には積極的に生きる力を与えつつ、事実その人を扶《たす》け起こして、神の国に歩みを進める生き方が教えられています。

仏教には仏教のよさがあり、それなればこそ私は仏教に身を投じ、一生を仏教僧として生きてきたのでしたが、今や私は仏教徒でもキリスト教徒でもなく、マッサラな自己の生き方、死に方こそを追求しぬこうと決心しています。私が仏教僧でありながら敢《あ》えて、専門的に生きていたのではないキリスト教もひっくるめた話を書くことは初めためらっていたわけですが、もはや自己の御いのち地盤の話として、敢えて宗派の境界線を全く取り払ってしまったのは、そういう原奈緒さんの死があったからです。今は心から原さんの急逝された因縁を活《い》かして、そこに神のみ業《わざ》の顕われんことを祈る気持ちのみです。

さてこのように仏教もキリスト教も一《ひと》ひっくるめにして「御いのち抄」を書くつもりになったら、急に私の内に、「東洋の文化は落ち着き志向」、これに対し「西洋の文化は生き甲斐志向」ということがはっきり浮かび上がってきました。

明治以降の日本人の人生観は、明らかに「東洋的落ち着き志向」から「西洋的生き甲斐志向」に急転換したといえましょう。しかもその際この西洋的生き甲斐の背景地盤となってきているキリスト教についていては全く学ぶことなく、バッサリそれを切り捨てたまま、西洋的生き甲斐志向のみを採り入れたのでした。「大東亜《だいとうあ》恒久平和のため」という生き甲斐は、キリスト教的「神の国」や「共産主義社会実現」を「大東亜恒久平和」に書き換えただけでした。そしてこの中途半端な書き換えがみごと空中分解してしまった戦後は、もう単純明快に「欲望的生き甲斐」一本に絞り上げてしまっています。

ところで実はこの「欲望的生き甲斐」について、『聖書』では「世と世の欲は過ぎゆく」とあり、また「亡び失《う》する獣《けもの》の如し」ともあります。また仏典ではこの「欲望的生き甲斐」については「煩悩」と呼ぶのであり、あるいは「遍計所執《へんげしょしゅう》」とも呼んでいます。一口にいって、これは人生観としては、東洋でも西洋でも、近世までは最も低級下品な生き甲斐、価値観とされてきたものです。今の日本人がこれを低級下品とは思わず、いかにも進んだ人生観、価値観と思うとしたら、それは日本人そのものが低級下品になってしまったからです。

いやこれは日本人だけではなく、二十世紀という時代の地球全体の傾向であるわけですが、つまりは二十世紀、人類は科学技術文化だけは進ませましたが、人生観、生き方としては全く人類全体が退化してしまったのです。

その点、人類がこの地球上に生存しているのは決して一条鉄《いちじょうてつ》（一本の鉄棒）のようにあるのではありません。かえって常に世代交替しながら生存を続けているのです。それで、もし昔から人類の生きた智慧を学ぶことがなければ、人類はすぐにも幼稚野蛮人に返り戻ってしまうことを、よくよく銘記しておくべきです。確かに珊瑚礁のように生命のない知識や情報、遺跡や物質的文化などは、後世になるほど堆積《たいせき》してゆくでしょう。こんなのがいくら積み上がっても人類の進みではないことを忘れてはなりません。人類そのものとしては二十世紀時代は全く幼稚野蛮に返り、全く荒廃退化してしまった時代です。それというのも昔の人の生きた本当の智慧を学ぶことをしなかったからです。

拈自己抄——前編（第二回）

◆仏教における自己の系譜

仏教はいわゆる宗教といわれるものとして、その他の宗教と根本的に異なっている点がありま す。大体宗教というのは、生死する人間に対し、その生き方を教えると同時に、その死においても絶対的安らいを教えるべきですが、その根本として、まず人間より以上のカミ（神）の存在を説くことから始まるのが普通です。ところが仏教はこのカミの存在を説くことはありません。では仏教は生死の依り処を一体どこに置くのでしょうか。

「自己の依り処は自己のみなり。よく調えられし自己こそは真の依り処なり」（『法句経《ほっくきょう》』）

「自らに帰依《きえ》せよ、法に帰依せよ、他に帰依することなかれ」（『長阿含《じょうあごん》 遊行経《ゆぎょうきょう》』）

この言葉は、二つとも原始仏典の言葉であるわけですが、果たして釈尊ご自身がこの通り仰せられたのかどうか、われわれには知る由《よし》もありません。しかし、とにかく仏教はその後さまざまな国土と時代を経過しつつ、いろいろに変遷し、他力救済を説く浄土門さえも現われているわけですが、それにも拘《かか》わらずその根本においてはどこまでも自己を根本とする宗教であり、いわばこれは仏教の根本姿勢であるということができるでしょう。

そしてこのことが、端初に神の存在を説くキリスト教を始めその他の宗教と、仏教と根本的に異なるものとしています。それはどこまでも「自己が自己に依る宗教」なのです。

もちろん、ここにいう自己は、ふつうにわれわれが自分、自分といっている自分ではありません。かえってそれはどこまでも「よく調えられし自己」なのであり、またそれは「自らに帰依せよ、法に帰依せよ」というごとく、「法と二つでない自己」です。

この経典の言葉が語られた当時の「法」が一体どういう意味であったか――これも言語学や文献学など学問的にはいろいろに論ぜられるところでしょうが、いま少なくとも釈尊から相伝してきている坐禅修行（これだけが実物として伝わってきている）をするものとしていえば、当然これは「心法一如《しんぽういちにょ》」の「法」として受け取るべきです。

そしてこの場合、心法一如における「心《しん》」とは「自心《じしん》」であり、それはまた、ここでいう「自己の依り処は自己のみなり」の「自己」です。一方、「法」とは「万法《まんぼう》」でもあり「仏法」とも呼ばれる「法」です。つまり自帰依、法帰依とは、一口にいえば「自心」と「万法」と二つに分かれる以前の「帰依仏法のこころ」といっていいでしょう。

仏教はその後さまざまな経典がつくられ、沢山の宗派を展開させてきています。そして大乗経典に到っては、もはや「自」という言葉が出てくるのは僅《わず》かに「汝自当知」（『大無量寿経《だいむりょうじゅきょう》』）、「如実知自心」（『大日経《だいにちきょう》』）などに散見する程度です。むしろ教学的にはもっぱら「心《しん》」（自心《じしん》のこと）という言葉が、自己という言葉にとって代わって使われています。そういう意味の「心《しん》」の異名としてよく知られている名だけでも挙げてみますと、

唯心、法身、法性、法住、法位、法界、

中道、不二法門、般若、不生不滅、一乗、

仏性、空性、円成実《えんじょうじつ》、如来蔵《にょらいぞう》、真如、

自性清浄心《じしょうしょうじょうしん》など（『大乗法苑義林章《ほうおんぎりん》』より）

が挙げられ、いかにこの「心」が、仏教教学として基本概念であるかが知られます。

もちろん仏典に出てくる心には、いわゆる現代にいう心理学的なココロの意味で使われる場合もあるわけですが、大体教学的に基本概念として出てくる心《しん》は、今いうような「心法一如」の意味の心です。しかもこのような意味で使われている仏教の「心」は、既に仏教的術語化されており、もはやそれは「現在われわれが生々《なまなま》しく生きている自己」とは、全くかけ離れて、遥か彼方にあるものとして受け取られてしまっているのが一般です。

　これに対し、「この私が事実いまそれを生きている自己」——そういいわば当初の仏教の根本姿勢としての「自己」というコトバで、改めて仏道をはっきり言い直し、今日のわれわれに示されたのはなんといっても道元禅師であったといっていいと思います。

「仏道をならふといふは、自己をならふ也。自己をならふといふは、自己をわするるなり。自己をわするるといふは、万法《まんぼう》に証せらるるなり。万法に証せらるるといふは、自己の身心《しんじん》および佗己《たこ》の身心をして脱落せしむるなり」（『正法眼蔵』現成公案）

　ここにいう「万法に証せらるる」というのは、釈尊の言葉として挙げられている「自らに帰依せよ、法に帰依せよ」のいい替えであり、「自己の身心および佗己の身心をして脱落せしむるなり」とは、まさしく法句経の「よく調えられし自己」に外ならないでしょう。それはもはや自己が自己でありすぎて、自己佗己を忘れ果てた自己です。つまりここにいう自己は決してふつうわれわれが自分、自分といっている自分ではないのであって、それゆえ道元禅師はまた、いわれます。

「しかあるに、自証自悟等の道をききて、麁人《そにん》おもはくは、師に伝受すべからず、自学すべし。これはおほきなるあやまりなり。自解《じげ》の思量分別を邪計《じゃげ》して師承《しじょう》なきは、西天《さいてん》の天然外《てんねんげ》道《どう》なり」（『正法眼蔵』自証三昧）

ふつうわれわれが自分、自分といっている自分（自分意識）は、それこそ偶然にその時代、その地域、その環境境遇に生まれてきて、そのなかで今まで生きてきた僅か何十年程度の経験から、私の心のなかにいつの間にか水垢のようにこびりついてきたものでしかありません。それでもし仏道は自証自悟することだと聞いて「仏法は今の自分の思いの延長線上にあるのだから、別に師について学ぶ必要はない」などと思うとしたら、それは西天の天然外道（未開人）でしかないといわれるのです。つまりそれは本当の自己追求ではなく、今の思いの延長線上の「我《が》を張《は》る」のでしかないからです。仏道は決して「我《が》の皮を厚くする」ことではなく、かえってどこまでも「我《が》を破ること」（破我《はが》）であり、無我でなければなりません。

しかしこの無我とは一体どういうことか。これまた単なる脱我状態《エクスタシー》でもありません。かえって一切を内容とする自己であるというべきです。

「たとひ知識にもしたがひ、たとひ経巻にもしたがふ、みなこれ自己にしたがふなり。経巻おのれづから自経巻なり、知識おのれづから自知識なり。しかあれば遍参《へんざん》知識は遍参自己なり。拈百草《ねんひゃくそう》は拈自己なり、拈万木《まんぼく》は拈自己なり。自己はかならず恁麼《いんも》の功夫《くふう》なりと参学するなり。この参学に自己を脱落し、自己を契証《かいしょう》するなり」（『正法眼蔵』自証三昧）

つまりこれを言い直してみますと、われわれが知識（師匠）についたり経巻を学んだりするのは、その根本といえば誰でもない、自己が自己に従うのである。というのは実に、何を取りあげても、自己が自己を取りあげているのであり、自己でないものはない。その点、われわれは誰でも彼でも皆「見渡す限り自己ぎりの自己を生きている」のであって、このような自己を自己が掘り下げてゆく功夫そのものが「仏道としての自己」（自受用三昧《じじゅゆうざんまい》）であり、この参学功夫のなかに、もはや自己という思いすら手放された（脱落）ところ、かえって本当の自己に証契《しょうかい》するのだということです。

私自身しばしばいう通り証契する道を求めて、十六、七歳頃から、真実の自己を生きようと発心《ほっしん》してきたわけですが、いろいろさまよったあげく、この道元禅師のお言葉に出会いました。そしてなるほど、真実の自己とは自分の思いの延長線上に求めても駄目だ。真実の自己については広い地球上、かつてこのような真実自己を追求しぬいてきた人に随《つ》いて先ず学ばねばならぬと決心し、釈尊、達磨大師《だるまだいし》、道元禅師と続くその門の沢木興道《さわきこうどう》老師のもとで出家し、坐禅修行僧となって以来、五十年経ってしまったわけです。

そしてこれまで述べたような「自己の系譜」こそは、あらゆる仏教教学よりも超えて大事なこととしてきています。というのは、仏教という宗教は、上に述べたように釈尊以来、「よく調えられし自己」「自帰依、法帰依」こそが根本姿勢であり、根本的実物です。ただこの「根本姿勢」（心《しん》）「根本的実物」（法）が、その時代その社会に応じていろいろに説かれ、いろいろに教えられてきたわけで、それがいわゆる八万四千の法門となって展開してきたのです。

近世から現代に到るまで地球上人類の歴史は激変していますが、しかしまさしく仏教における根本姿勢（心）、根本的実物（法）こそを大事にしながら、二十世紀以降の時代や社会状勢に対応して、真実自己の生き方を探求してゆくべきだというのが、私の一生を通じる願いであり、一生をかけた仕事であるとして、私は生きてきています。

現在、日本仏教が全く衰微し、社会に働く力がないのは、いわば過去の文化財という老朽建造物の保存に汲々《きゅうきゅう》としているだけで、事実いきいき仏法を生きる自己がないからでないでしょうか。仏教はどこまでも今の現実社会にいきいき働いてこそ、生きた宗教なのです。過去の文化財がいかにそのまま保存されてあっても、宗教としてはそれこそ何の意味もないことだと知っておきたいと思います。

拈自己抄――前編（第三回）

◆現代における拈自己

二十世紀後半の現代は急速に地球が一つになってゆき、地球上のあらゆる情報がわれわれの前に出揃う時代となりました。このなかにあって先に述べたような「遍参知識《へんざんちしき》は遍参自己なり。拈《ねん》百草《ひゃくそう》は拈自己なり、拈万木は拈自己なり」というつもりになってみるとき、われわれは全くただ目眩《くら》みしてしまうより外はありません。厖大な情報量の一々において、それらがすべて自己の生きる中味なのだとしてみれば、一体われわれどう生きてゆけばいいのか、それこそ何が何だか分からず、途方に暮れてしまうばかりです。

早い話が日々流されるテレビニュース一つ見ていても、そこには世界中の情報が雑然漫然と、しかもまざまざ繰り広げられるのであり、その一々に対し本気になって「拈百草は拈自己なり、拈万木は拈自己なり」として到底ついてゆけるものではありません。

これに対しわれわれは何よりも先ず自分の視点を、自分において確認しておくべきです。例えば株式相場に関心をもつ人ならば、あらゆる情報をその視点から見るでしょうし、ある業種の事業に携わる人たちは、その業種の観点から情報を整理して取りあげるでしょう。

その点、私の求道は、『御いのち抄』序詞にも書いたように、自分の本当の（絶対的）生き甲斐をもって生き、そして同時にまた自分の本当の（絶対的）落ち着き安らいのなかに死ぬことができるような道を求めるところから始まったのでした。ところでこういう視点から、いま氾濫する情報を見直してみますと、実は今日の情報のほとんどは自己にとって、相対的で中途半端なそれでしかないのであり、それらほとんどは私の視点から切り捨てていいことが分かります。

このことについても私は、『正法眼蔵随聞記《しょうぼうげんぞうずいもんき》』に出てくる道元禅師のお言葉から学んだのです。『正法眼蔵随聞記』は確かに求道者にとっては有難い本です。それも一度や二度通読すればいいのではなく、それこそこの本を古教照心しつつ、何十冊でも読み破り読みつぶして、一々の文句が何かの事に当たるとき耳鳴りしてくるほどに読みぬくべき本です。道を求める若い方々には是非ともこの本の、そういう読み方をお勧めいたします。

話はそれましたが、この『随聞記』に次のような言葉があります。

「一日示して云く、吾れ在宋の時禅院にして古人の語録を見し時、ある西川《せいせん》の僧、道者にてありしが、我に問て云く、語録を見てなにの用《よう》ぞ。答て云く、古人の行李《あんり》を知《しら》ん。僧の云く、何の用ぞ。云く、郷里にかへりて人を化《け》せん。僧の云く、なにの用ぞ。云く利生《りしょう》のためなり。僧の云く、畢竟《ひっきょう》して何の用ぞと。予後《よのち》に此の理を案ずるに、語録公案等を見て古人の行履《あんり》をも知り、あるひは迷者《めいじゃ》のために説き聴かしめん、皆な是れ自行化他《じぎょうけた》のために畢竟して無用なり。只管打坐《しかんたざ》して大事をあきらめなば、後には一字を知らずとも、他に開示《かいじ》せんに用《もち》ひつくすべからず。故に彼の僧、畢竟してなにの用ぞとは云ひける。是れ真実の道理なりと思ひて、其の後語録等を見ることをやめて、一向に打坐《たざ》して大事《だいじ》を明らめ得たり」（二―九・岩波文庫）

私自身も結局この「畢竟して何の用ぞ」を自分に言い聞かせつつ、三、四十年坐禅摂心《せっしん》ばかりをしてきたわけでしたが、今はもはや足が悪くて坐禅できなくなってしまっています。それで今の私はさらに坐禅を超えて生きる道、死ぬ道を追求している次第です。

しかしこのように私は、単に「生きるだけ」ではなく「死ぬことぐるみの生きる道」を求めていますので、結局いわゆる宗教といわれる領野に道を求めてきたわけですが、しかし宗教であれば何でもいいなどというザッとしたものでは決してありません。

現在一口に宗教といわれるものだけでも、世界中のさまざまな宗教の情報がマーケットに出揃っています。そのマーケット商品としての宗教情報を拾集し、それらをすべて比較研究してみても、ここにいう「拈百草は拈自己なり、拈万木は拈自己なり」ということとは全く関係はないでしょう。

というのはたとい宗教という名がついていても、例えばご利益《りやく》願いや、いま時分のオカルトなどはアタマから切り捨てるべきです。何故といえば、そうしたものは大体他との兼ね合いで何とかウマイことをしようという心が下地《したじ》にあっての話であり、始めから私の追求する絶対的な自己の生きる道、死ぬ道を教えるものではあり得ないからです。

最近の日本では物質的に豊かになったせいか、戦後のような貧乏から這い上がるためのご利益を授ける新興宗教から転じて、何か特別の通力を説く新興宗教に流行が変わってきているようです。カミサマに流行《はや》り廃《すた》りがあるのも妙なものですが、とにかくこれが人心の反映なのでしょう。つまり何か特別な通力を願う需要が多くなったので通力を授けるカミサマが多くなってきているのです。

しかしもし通力をいうなら、畢竟の大神通力とは一体どんなものであるか先ず知っておくべきです。

大神通力

凶を避ける吉には怯《おび》えあり

他と奪《と》り合いして得る吉には安らかさなし
実力なくして不労所得した吉には自信なし
とにかくこんな中途半端な吉を与えるという
神の通力は真の神通力でなし

凶来らば凶をつとめ上げ
吉来らば吉を他と分かち合う
吉凶禍福すべてを一目に見
一口に呑却《どんきゃく》している生きる姿勢こそ
真の大安心底《だいあんじんてい》　大神通力

こんな大神通力底から今日の新興宗教群を見直してみると、いかに今日のそれらが程度の低い、みすぼらしいものであるかが分かります。

とにかく今や科学時代だと誇称《こしょう》する一方、全くこんな中途半端なカミサマを横行せしめる現代日本人のこころが、いかに幼稚未熟野蛮に退化してしまっているかを思うべきです。それこそこのようなカミサマを持ち出し、売物にする新興宗教は単に一片の紙サマで、老人たちからへソクリをまき上げた豊田商事よりも悪質な詐欺的企業でしかないわけですが、それさえ見ぬけぬほどに、現代日本人のこころは欲呆けし、愚にかえっているのです。

いやこれの根本といえば、せっかく仏教という宗教を千何百年も前からとり入れていながら、いまさらこんな低級な新興宗教群の跋扈《ばっこ》を許しているのは、ひとえに日本仏教のボンさんたちが、日本の民衆に少しも真の仏教を教えてこなかった一事に尽きます。その点、従来の仏教僧侶の怠慢をいうと同時に、現在の仏教者たちの奮起を促したい思いです。

確かに宗教と一口にいいますが、今の新興宗教などは、てんから本当の意味の宗教とは全く次元が違います。こんな新興宗教と、本当の意味の宗教との次元的相違についてなど、私は若い頃の求道の始めから分かっておりました。その次元的相違は、その根本に「絶対的自己」が存するか、どうかの違いです。「絶対的自己」とは上にいってきたように「絶対的生き方」と「絶対的死に方」です。

そしてこの「絶対的生き方、絶対的死に方」という視点から見ても、しかもなお私の前に浮かび上がってくるのは仏教とキリスト教だけでした。明確な言葉をもっていえば、「生死はすなはち仏の御いのちなり」（『正法眼蔵』生死）という仏教と、「人の生命《いのち》の起源《みなもと》と行末《ゆくすえ》とを教えるものは何でありますか——それは宗教であります」（公教要理）というキリスト教だけが、私の視界のなかに残ったわけです。

それで私は二十九歳以降、道元門下の沢木興道老師のもとで出家し、以来仏教僧としてきているわけですが、その間若いころ学んだキリスト教も捨てることはしませんでした。引き続き『聖書』を読みつつ坐禅し、坐禅しつつ『聖書』をあたためてきています。というのは二十世紀時代にはまさしく現実として仏教もキリスト教も拈じ（取りあげ）つつ、拈自己できる時代となっているからです。そして私としては片目で見るよりは、角度の違う両眼から見て焦点を結ぶことにより、より立体的にまざまざと拈自己できるはずだと信じてきたからです。

確かに事実として『聖書』の観点から坐禅を見るとき坐禅の宗教性がはっきり浮かび上がってきますし、坐禅しながら『聖書』を読むと、坐禅しなかった頃には分からなかった『聖書』の言葉の深い意味が分かります。そして今やその二つが私のなかで一つでありつつも、しかし先にもちょっといったように、仏教は落ち着き志向の宗教、キリスト教は生き甲斐志向の宗教として浮かび上がってきています。

それらがいかに私のなかで一つであり、しかもいかにそれらが自己のいのちの両面であるかについて、以下だんだんに申し上げてゆきたいと思うのです。

拈自己抄——前編（第四回）

◆語り口の問題

私自身もはや老人であるわけですが、今は若い人間としてものをいうことをお許し下さい。若い人間として老人たちを見るとき、なんといってもご老人たちは世の荒波を乗り切ってきているだけに、若い世代には思いつかぬ世故《せこ》にたけた智恵があって、何でもないときに思わず成るほどと感心するようなコトバをいうことがあります。しかし同時にご老人にはコチコチのところもあるようです。安泰寺《あんたいじ》にいた頃の或るとき、工事し終わった人が残していったセメント袋をそのまま外に放置していたら、いつの間にか袋の形のままカチカチになってしまっていたことがありました。老人には、ちょうどそんなところもあるようです。それについてけただ「仰せごもっとも」として受け取っておくより外はありません。これに対しこちらも、もしセメントのように硬化し、固まったセメント同士としてぶつかり合えば、どうせお互い傷つくだけです。

とにかく老人には多かれ少なかれそういう面があると予《あらかじ》め心得て、それはその老人のクセとして聞き流し、まだ残されている柔軟部分だけに触れていると、かえって含蓄ある、いい経験的知恵を教えてくれ、決して損することはありません。――私は若い頃からそんなつもりで老人に出会ってきて随分トクしたことがあったと思います。

いや、いま私は世渡り処世の話をするためにこんな話を始めたのではありません。われわれは仏典とか『聖書』とかいう古典とのお付き合いの話がしたいのです。なんといっても仏典や『聖書』は世の中のお年寄りみたいなものです。コチコチに固まってしまったセメント部分がありま す。だからこんなお年寄りには、われわれ若い世代はとても付き合いきれないといって放り出し、お年寄りから何も学ぶことはしないということにしてしまっているのが、今の時代ではないでしょうか。

しかし今の時代のように、そういう古典から学ぶことを絶対しないと決めこんでしまったとしたら、世の中は退化してゆく以外にはありません。というのは一人の人間が永遠に生きのびるのではなく、世の中は常に世代交替しながら相続してゆくのです。その間にあって芸術品、建造物などのような物質的文化財や、知識や情報などは個人的いのちとは関係なく別に残されるので、新時代ほどそれは蓄積されふえてゆきます。ところがこれに反し個人的人間の生きた経験や魂の経歴などというものは、全くその人その人のものであって、もし古老たちから積極的に学ぶことをしなければ、親のそれさえも子どもに引き継がれることはありません。同じように、もし過去のこころの文化についても何も学ぶことをしなければ、若い世代はまた幼稚未開のこころから始めねばならぬわけで、人類そのものとしては、進むどころか、だんだん退化してゆくだけです。

そんなことからいっても、われわれはできるだけ老人世代からもものを学ぶべきですし、いわんや仏典や『聖書』などの古典については、本気になって学ぶところがなければならないのだと思うのです。ところがそういう仏典や『聖書』などという古典は、今いうようにいわばお年寄りみたいなものであって、それぞれに固まってしまっているクセがあります。そのクセをクセと知らず、本気になってお付き合いすると全くヘンナことになります。

例えば達磨大師の処に、のちに二祖となる慧可《えか》が入門したときの話として「慧可断臂《えかだんぴ》」の話が伝えられています。この話をそのまま受け取って、道を求めるためには是非とも小指の先一本ぐらいはつめてかからねばと、これを実行した尼さんがあります。これなどは中国禅籍の表現法、語り口を知らずに、マにうけてしまったからです。仏道修行はテキヤの仲間入りするのとはワケが違いますから、臂《ひじ》や指をツメテかかったからといって、決してほめたものではありません。その点、古代インドには古代インド人なりの語り口があり、また古代ユダヤ人には古代ユダヤ人なりの語り口、古い中国人には古い中国人なりの語り口があるのだと、まず知っておくべきです。

そうです。現代のわれわれは何でも合理性によって納得するクセがあるので、現代人に話しかけるには誰でも多かれ少なかれ合理的な語り口（語りのクセ）となっているのではないでしょうか。しかし現代人には当たり前である合理性という納得の仕方と、それに合わせた語り口が、いずれの民族、いずれの時代でも通ずると思っていたら違います。例えば昔のユダヤ人相手に、われわれ人間は誰でも神の前には罪人であると千万の理屈をいうよりも、原人アダムが禁断の木の実を食べたから、その子孫であるわれわれはみな原罪をもつのだといった方が納得するでしょう。また例えば昔のユダヤ人相手に、海でとれた軟体動物を内陸部まで運んでくる間には大概腐ってしまうから、これを食べるのは衛生上よくない。だから軟体動物は食べないようにせよ、といってもきっと誰も分からなかったに違いありません。それよりも神が「軟体動物を食べるなとお命じになった」と一言いえば、みんな納得して従ったので、『旧約聖書』などの語り口には、確かにそういう面があります。

では私自身の語り口（語りのクセ）は一体どうかと反省してみましたら、私はいつも仏法について語ろうと思っているわけですが、仏法そのものばかりを直截《ちょくせつ》に語ったとしても誰も聞いてはくれません。もし私に何か特別に偉そうな肩書でもあったとしたら、それだけで私の言葉に耳を傾けてくれる人もあるでしょうが、今までに偉そうなどころか、何の肩書ももったことはなし、いい替えれば全く肩書というクサリのついていない野良犬みたいなところで一生を生きてきています。

それでも吠えて誰かに耳を傾けてもらおうと思うなら、結局できるだけ仏法の話を噛みくだいて分かりやすくし、しかも何か面白そうな話にくるんで話をしなければなりませんでした。これがもはや長年、習い性となっているので、今となっては真っ直ぐ仏法の話だけをしようと思っても、そういう語り口なしには口が進まず、筆も進みません。オソロシイコトデス。それで相変らず私なりの語り口をもって書いているわけですが、ヘタするとその余計な世間話の方だけをワカッテ下さって、肝腎な仏法の方は全くズッコケテ受け取られていることも出てくるわけです。

同じことが仏典や『聖書』の場合にも起こってくるのでないでしょうか。少なくとも教学とか神学とかいう学問にしてしまっているとき、それはもはや仏典や『聖書』が本当にいわんとしているところを、とうの昔にズッコケさせてしまっていて、ただ余分な語り口、語りのクセの部分だけを大袈裟にとり出し整理し、系統立てて、大真面目に論じていることが多いのだと思うのですが、どうでしょうか。

仏教もキリスト教も、大切なことはどこまでもわれわれの「真実の自己の人生」についてのみ教えてくれているのだということであり、この本筋だけは忘れてはなりません。いや私は少なくともそういうつもりで仏教もキリスト教も受け取っており、ただそういう看点からのみ見直そうとしております。私はいま「拈自己抄」という表題で書き始めたわけですが、「拈自己」とはいうまでもなく、道元禅師のいわれた「拈百草は拈自己なり、拈万木は拈自己なり」からとっています。そしてこの拈自己とは「すべてを自己の問題として取り扱う」という意味です。

拈自己抄——前編（第五回）

◆坐禅の中味

本師沢木興道老師は、それこそ沢山の警抜《けいばつ》な言葉を吐かれましたが、その一つである「一切経は坐禅の脚註である」という言葉などはなんといっても第一級に属するものです。少なくともこの言葉は私の一生の学道の態度を決定づけました。大体、禅門は教外別伝《きょうげべつでん》・不立文字《ふりゅうもんじ》というごとく、いわゆる教学が理知的学問であるのに対し、それとは別流に実修的な身の行としての坐禅が達磨大師によって伝えられたのだといわれています。ところが沢木老師は坐禅こそ実物正伝《しょうでん》であり、一切経はその脚註（本のページの下に記載された註釈）なのだといわれるのです。つまり坐禅という本文を読むのには、そのページの下に記された註釈を参考にすべきだが、大切なのは坐禅という本文を体得することだというのです。

だから沢木老師は世の禅僧たちにありがちな教学を軽んずることはされませんでした。さりとて世の学僧や学者のように、行という実物なしに、ただ紙魚虫《しみむし》になる無意味さを強調されたわけです。つまり仏法としての坐禅の身構え心構えを決めるためには、充分仏教教学を勉強すべきであるが、坐禅のときには一切放下《ほうげ》して祇管打坐《しかんたざ》（ただ真っ直ぐ坐禅）すべきだといわれるのです。このような態度は既に道元禅師が『正法眼蔵』の諸巻においていわれていることでもあるわけですが、沢木老師はそれをこの一語でズバリといわれました。

このような道元禅師や沢木老師のいわれることの正しさを改めて確認することができるのは、まず坐禅を腹一杯しながら経典を読んでみると、北伝の漢訳仏典のみならず、大正時代以来初めて日本にも入ってきている南伝《なんでん》の経典類を読んでみても、すべてそれらが坐禅についてのいろいろな言い廻しであるとして一々腑《ふ》に落ちるからです。道元禅師の時代には、もちろんパーリ語で書かれた南伝の経典類は日本に入ってはいなかったわけですが、道元禅師のいわれることは、あたかもそれを読んでおられるごとく、ぴったり符合していて少しも違和感がありません。つまりそういう経典の流通《るづう》とはかかわりなく、坐禅という実物が、釈尊以来真っ直ぐに相承《そうじょう》してきているることが分かります。道元禅師がこの坐禅を「正伝の仏法」といわれる所以《ゆえん》を、今の時代として改めて肝銘する次第です。

ところで今ここにいう坐禅とは、道元禅師が弁道話《べんどうわ》巻でいわれる「自受用三昧《じじゅゆうざんまい》」であり、沢木老師が「自分が自分を自分する」といわれる坐禅です。ただここでも問題になるのはやはり

「自」であり「自分」です。ふつうわれわれは自分の思いのなかで、自分自分と思っているわけですが、それはここでいう自分ではありません。坐禅はどこまでも坐禅であって、決して坐りながら自分の思いを操り広げ、考え事していることではないからです。つまりいつもいうように坐禅は必ず「思い手放し」でなければなりません。しかし思いを手放しにしたら、こんどはすぐウトウト寝てしまうのでは、これまた居眠りであって、それでは既に坐禅からズリ落ちてしまっています。坐禅の用心は何より散乱と昏沈《こんじん》をいましむとありますが、散乱とは考え事、昏沈とは居眠りのことであって、結局思い手放しするところに覚《さ》め覚めることだけが坐禅です。

さてこんな思いでもなし、居眠りでもないところに覚める坐禅とはどんなものであるか――この坐禅の中味である「自」「自心」あるいは「心」についての仏典に出てくる異名として、先の「（第二回）仏教における自己の系譜」のなかで沢山の名を挙げました。しかもそれだけでなく、思えば私自身も今まで書いてきた著書のなかで、「思い以上の私」「思いでつかまなくともある自己」「生命実物」「二つに分かれる以前の実物」「能所分かれる以前」、そしてこの頃では「生《なま》のいのち」などいろいろ書いてきています。このようにいろいろ言い廻すのは、それこそこれは「語り口の問題」でしかありませんが、私としてはとにかくこの坐禅の中味について、いかに自分でもピンとくる言葉でいおうかと腐心しているうちに、三十数年の間にこのように沢山書いてしまったわけです。つい最近ではもっとナマナマしく私自身だけではなく、誰にもピンと納得できるコトバとしてこんなふうに書きました。

思いを手放し　眠《ね》ているときも
確かに呼吸しつつ生きていればこそ
いま醒《さ》めているときの自分意識もあるように
思いの届かぬところで　私は生きており
思いの届かぬところで　私は死んでゆく
この思いで煮たり焼いたりする以前《まえ》の
生《なま》のいのちこそ　真の自己
〝この生死はすなはち仏の御いのちなり〟

こうまでいえばもう誰だって「この思いだけが自分であって、この思う自分以外に、自己などありはしない」と言い切れる人はいないのでないでしょうか。

このような自心について、例えば「仏祖正伝の坐禅」とか「正伝の仏法」などとエラそうなコトバを持ち出せば、文字詮索の仏教学者たちはいっぺんに学問的であると納得し、善男善女たちは、たちまち恐れ入って有難がるわけですけれど、ハッキリいってそんな仏祖とか正伝とか、坐禅とか仏法といっても、一体それが何であるか――そのコトバの中味についていわれない限り、そこには結局何もいわれていないのであって、つまりこんなコトバをいくら沢山持ち出しても全く無内容であることを、まずよく知っておくべきです。日本仏教は従来いかにこのような全く空虚無内容なコトバだけで相続してきたことか。それ故、またいかに見当外れの方向に展開してきていることか。

それに対しこんな無内容なコトバとは別に、仏教は坐禅という実修行を相続してきていればこそ、われわれナマの仏法と出会うこともできるわけです。そして同時に私としてはこの坐禅の中味（仏法）をいかに自分ばかりではなく、現代人の誰にも納得のゆく言葉で表現し開陳しようかと努力してきているのです。今や上に述べたように「醒《さ》めているときには思い」「眠っているときにも呼吸しつつ」生きている当たり前の事実の在り方を挙げて、真の自己の処在について、誰もが納得のゆくように言い得たと私は思っている次第です。もちろん、このようないのちの在り方がワカッタだけではまだ坐禅の中味ではありません。坐禅とはまさにこのような思いや眠りを超えた自己のいのちに、いのち自身が覚め覚めてゆくことです。

天地一杯のいのち　　ただ坐る坐禅
生《なま》のいのちの　　覚め覚める

なお、道元禅師はこの坐禅のことをいわれるとき、いつも宏智《わんし》禅師の「思量箇不思量底（箇《こ》の不《ふ》思《し》量《りょう》底《てい》を思量《しりょう》する）」「不思量底如何思量（不思量底、如何《いかん》が思量する）」「非《ひ》思量《しりょう》」という古則を挙げられています。この古則についても、ついでながら今いった例をもって私流のコトバでいい替えてみると次のようです。

睡眠時の呼吸（不思量底）を思量せよ
じつは思量のどれもこれも（思量箇）
睡眠時の呼吸（不思量底）と同じでないか
睡眠時の呼吸（不思量底）は
　思量をもって意味として
　まとめる以前（如何）の力
結局思量（思い）不思量底（眠り）を超えている
　非（思い手放し）の実物に
　覚め覚めること（思量）

とにかくこのようなことが、坐禅の中味であり、坐禅のネライです。

拈自己抄——前編（第六回）

◆一口《ひとくち》根本仏教（一）

自分の人生を悩んでいる若い人たちのなかには、お釈迦様もご自分の人生の悩みから出発して修行され、仏教という宗教を開かれたのだから、自分もそのあとを慕って仏道修行のなかに、自分の人生の歩みを見出したいと考える人が、現在も将来も必ずいるに違いないと思います。ところがそんな人たちにとって仏教が一体どんな宗教であるのか、お寺へいって坊さんの話を聞いても、おそらくただ失望するだけでしょう。それで書店にゆけば今日では仏教の本がズラリと並んでいるわけですが、それらの本を買って読んでみても、これまたほとんどが仏教術語をもって仏教術語を解説しているだけで、全体として結局仏教が、この自分の生きることについて何を教えてくれるのか、全く不明。あるいは霧のかかったぼやけた話しかされていないのでないでしょうか。その点、今日の仏教はわれわれの人生についてなどとは、あまりにも懸け離れた存在になってしまっているようです。

それで具体的な修行として、とにかく釈尊も坐禅修行されたのだから、坐禅すればよかろうと坐禅修行の道に飛びこんでも、これまた坐禅の仕方もいろいろいわれているのであって、これがいわゆる仏法とどうかかわるのか、そしてまた坐禅が自分の人生をどう導いてくれるのか、それも全く教えられぬまま、分からぬまま、坐禅をやっているだけというようなことになってしまうのでないでしょうか。

そんないま自分の人生を悩み、そこから出発して仏道修行を歩もうと志す若い人たちに、少しでも納得されながら、そして仏法は一体どこが修行の焦点であるのか、その狙いを誤ってほしくないと思い、私自身の五十年の仏道修行のキャリアを土台として、以下一口《ひとくち》仏教を書いてみます。

だから以下の話はふつうに出ている仏教教学史や仏教概論の本などと対照しながら、それらが自分の実際の仏道修行とどういう関連においてあるのか、その手引きの話としてお読み下さい。ここではとにかくそういう「仏道をならおう」とする人のために、仏教の土台となるコトバの内容を、われわれの「自己」と関連づけつつ述べて、一口にいって仏教はどんなことを教える宗教なのかを申し上げてみたいと思います。それというのも若い頃の私自身が、そんなふうに解説された本があったらいいな、いやあるべきだ、といつも思っていたからです。以下の話がこれからの若い真摯な求道者たちに少しでもお役に立てば倖せです。

さて、そんなつもりで先ずお釈迦様の開かれた仏教（いわば根本仏教）の全体像を浮かび上がらせるのに、次の四つのキーワードをもってお話してゆくことにいたします。

㈠〝縁起を見るものは法を見る、法を見るものは縁起を見る〟（『中阿含《ちゅうあごん》』）

㈡〝集《じゅう》の法は滅の法なり〟（律蔵《りつぞう》『マハーヴァッガ』）

㈢〝如実に集を観ずるものは無見を生ぜず。如実に滅を観ずるものは有見を生ぜず。如来は中道を説き給う〟（『雑阿含《ぞうあごん》』）

㈣〝不放逸（つとめ励む）は不死の境地である。放逸（怠りなまける）は死の境地である。不放逸（つとめ励む）の人々は死ぬことがない。放逸（怠りなまける）の人々は死者の如くである〟（『法句経《ほっくきょう》』第二の二一）

これら四つのキーワードは、いずれも仏滅以後に展開した部派仏教以前の、だから根本仏教的な言葉といってもいいものです。そしてこの四つは決して別々に切り離れてある言葉ではなく、ただ一つのわれわれの修行態度の在り方を四つの面に分けて説かれているのですから、そういうつもりでご覧下さい。

㈠〃縁起を見るものは法を見る、
　法を見るものは縁起を見る〃

これにおいて「法」というコトバの意味が先ず問題ですが、今は「在り方」というぐらいの意味に受け取っておきましょう。「縁起」とは「縁《よ》り合って生起《しょうき》する」ことです。つまりすべてのものの在り方は、縁り合って生起するのであり、すべて縁り合って生起しているのが、すべてのものの在り方だということです。経には縁起について「これあるが故にかれあり、かれあるが故にこれあり」（『雑阿含』）といういい方がされていますが、結局すべての在りようは決して他から切り離れ孤立して在りはしない。かえってあるものがあるのは、必ず他と連関しつつ存在するのだということです。

㈡〃集の法は滅の法なり〃

ここにいう「集」はそういう縁起によって縁り合って生起し、集まって成り立つものですが、もともと縁り合って生起したのですから、またいずれ散じて消滅してゆくものです。

これはわれわれ人間をとりまく外的存在の一々についてもいうことができ、その場合、必ず集と滅の間に何らかの本末関係や因果関係などの法則もあるに違いありません。そしてそういう法則について探求し、「知ろう」ということもあっていいわけですが、それはいわばギリシャ哲学から始まり今日の自然科学に到るまでの「やり方」なのであって、古代インドという地盤の上に創《はじ》まった仏教では、全くそういう方向には進んではおらず、その点は混同しないように注意すべきです。

かえってここにいう集《じゅう》と滅とは、釈尊が菩提樹下で悟られたときに観ぜられたという十二縁起の順観（「無明《むみょう》の縁によりて行生じ、行の縁によりて識生じ……乃至《ないし》生の縁によりて老死生ず」）と、その逆観（「無明を滅するによりて行滅し、行滅するによりて識滅し……乃至生の滅によりて老死滅す」）に相当するものです。またこれは釈尊が説法の根本形式として用いられた四聖諦《ししょうたい》（苦集滅道）における「集」と「滅」なのでもあります。

ということは釈尊がここにいわれている、集滅の意味は、今いうごとく決して外的世界における生起や消滅の法則への知的関心からいわれているのではなく、かえってわれわれの心における思いの在り方に重点を置いていわれているのです。

例えば陽気はポカポカしてきた春時分、年齢はまさに青春――そんな二人の若い男女が出会い、お互いポッと来た。そしていったん好きだと意識し合うと、もうお互い何から何まで美しく、好きで好きでたまらぬように思えてきて、起きてはまぼろし、寝ては夢、すっかりふらふらとなって行動し、夏頃には身籠《みごも》り、しかも許されぬ仲とあって秋頃にはスッタモンダと駆けずり廻り、秋の終わり頃には心中（なんていうことは今どきありませんが、昔にはよくありました。むしろ今は秋風とともに二人の間も秋風が吹き、秋の終わり頃には二人は別れ、残されたのは、育てる親のない赤ちゃんだけ）などということになります。大体こういうふうに観ずるのが、今のわれわれの実際に当てはめた十二縁起の順観の仕方です。

これに対し、春ポッと来たとき、これは春という陽気とお年の加減だと観じて、じっと坐禅している。しかし坐禅していても実は「こうしちゃいられない」という思いが、いつも坐禅のなかにムラムラ起こってくる。しかし「今は坐禅しているのだ」と発心《ほっしん》百千万発、思いを手放し手放し、ただ坐禅している。そのうち夏も過ぎ秋風も吹いてくると、実はそれほどでもなくなって来、秋の終わり頃にはやはり「どうしなくてもよかった」ように思えてくる。まあこんなふうに坐禅しつつ観じているのが十二縁起の逆観といえましょう。

つまりここにいう「集の法は滅の法なり」ということは、「思いでノボセ上がる在り方」（「集の法」）は、また「思いのノボセが下がる在り方」でもある（「滅の法なり」）ということです。だからそこには、何も特別の造作は要《い》らないということです。

しかしこんな十二縁起の順観、逆観を始めからみんなに勧めてみても、誰もおそらくこれを実行する人はいないのではないでしょうか。それで釈尊はご自分ではこのような十二縁起の順観・逆観を観ぜられたのでしたが、そのままこれを人々に説くことはされませんでした。

釈尊はそれよりも先ずこの世の中は実際としては苦しい世界でしかないぞと教えられました。しかしこれももちろん、ふつうには誰だって、この世の中が苦しいどころか楽しい処だと思っていればこそ生きているのですから、このままではいけません。

まず寂《しず》かな林のなかや阿蘭若《あらんにゃ》（精舎）において坐禅しながら、すべては苦しいことを先ず観ぜよ（苦諦）と教えられたわけです。そしてこの苦の因《もと》といえば集（思いのノボセ）で行動するからだと観じ（集諦）、そういう思いのノボセのヤンダところこそ真の安らぎ（滅諦）であり、そういう安らぎのためには安らぎの道（道諦）を行かねばならぬとして、八つの正しい道（八正道《はっしょうどう》…正見《しょうけん》、正思惟《しゆい》、正語、正業《ごう》、正命《みょう》、正精進、正念、正定《じょう》）を教えられました。

ではその「正しい」とは一体どういうことなのか。この正しいという意味は決してアタマの思いで判断する「不正に対する正」の意味ではありません。この「正」の意味を知るためには、第三のキーワード「中道」の話を申し上げねばなりません。

拈自己抄――前編（第七回）

◆一口 根本仏教（二）

㈢〝如実《にょじつ》に集《じゅう》を観ずるものは無見（無いという考え）を生ぜず。
如実に滅を観ずるものは有見（有るという考え）を生ぜず。
如来は中道を説き給《たも》う〟

この第三のキーワードとして挙げる言葉は、他の第一、第二、第四の三つのキーワードに比して少し時代が下るようです。というのはこの言葉は釈尊ご自身の言葉としてではなしに、迦旃延《かせんねん》尊者の言葉として出てくるからです。

昔にも私みたいに生意気な坊さんがいたようです。仏滅後ある僧がいいました。「ああ倦《あ》き倦きした。われわれが聞かされる話といえばいつも『諸行は無常なり。無常なるものは苦なり』なんていう教えばかりで、もう私は耳にタコができてしまった。もう少し角度を変えた新鮮な話をしてくれる人はいないものか。――おおそうだ。釈尊に直接随侍《ずいじ》しておられた阿難《あなん》尊者が、年を老《と》られてはいるがまだ在世されている。ひとつ阿難様の処へ聞きにゆこう」と。それで阿難尊者の処へゆき、そのことを訴えると、阿難尊者は「そうだ。あなたの言葉を聞いて私は迦旃延《かせんねん》尊者の言葉を思い出した」と、説き出されたのが、ここに第三のキーワードとして挙げた言葉です。同じ『雑阿含経』には、今いったような僧の話を附け加えず、ただ単独に迦旃延尊者の言葉としても出ています。

それでこの言葉は外《ほか》の三つとは違って仏滅後にいわれた言葉であるわけですが、釈尊の教えの根本はなんといっても中道であり、その釈尊のいわれる中道のこころを、第二のキーワードにおける集と滅とに直接関連づけて最もよく説かれているので、私はこれを第三のキーワードとして引いたのです。

ご承知のように釈尊は釈迦族の王子として王宮に生まれられ、歓楽する宮廷生活を送っておられたのでしたが、いつしか飛華落葉《ひけらくよう》、人もまた必ず老い死んでゆくこの世の無常を観ぜられて、出家を志されるようになりました。そして或る夜ひそかに城を踰《こ》えて出られ、一介の修行者として苦行の道に身を投ぜられたのです。以後きびしい苦行を続けられ身も心も憔悴《しょうすい》し切ったあげく、結局極端に快楽を追う生活も真実ではないが、その反対の極端な苦行生活のなかにも真実に生きる姿はないと知られ、山を下って牧女の捧げる乳に先《ま》ず体力を回復され、菩提樹下に端坐しつつ、

明《あけ》の明星を見て悟道されたとあります。この時また、

張りつめた琴の糸はプツンと切れる
弛《ゆる》んだ琴の糸は鳴りはしない
張らず弛まぬ中道のなかにこそ
琴は美しく奏でられる

ともいわれたといいます。

それればかりでなく、釈尊ご自身の言葉がそのまま収録されているものもあるであろうといわれるほどに、最も古い経典とされる『スッタニパータ』にも、両極端を排される言葉がいくつも出ています（七七八、八〇一、一〇四〇など）。つまり何も享楽、苦行の極端だけでなく、すべてについて極端（片寄り）をやめたところにハッキリ目を開いて歩むことこそを中道といわれているのです。これは今われわれの修行する坐禅においても実際に体験できることですが、確かにA＝Aと念起するところに同時にA≠非Aということも起こって来、ここに先ず極端論の根本である「片寄り」が生じて来ます。これに対し「思いを手放す」（止）ところに、生きた「生《なま》の事態が観ぜられ」ます（観）。坐禅はこの止観《しかん》を実修行することです。

つまり思いで煮たり焼いたりすればこそ、すべていろいろな日盛《めもり》が生じてくるわけですが、この日盛以前こそが生《なま》のいのちです。これを仏教概念でいえば無生《むしょう》とか不生《ふしょう》ともいいます。またそ

れは生と滅という二つに分かれる以前の不二《ふに》でもありますが、同時に生と滅を滅し已《おわ》ったところでもあるので涅槃ともいいます。だから仏教概念として、中道、無生、不生、不二、涅槃などといえば、それぞれいかにも異なったことのように思われるのですが、実は祇管打坐《しかんたざ》してみれば、一切分別以前の生《なま》のいのちでしかなく、坐禅はただこれを実修実行するだけです。

中道―正気の沙汰―

思いで見ればこそいつも必ず二つに分かれ
右か左か　動か止か
中か不中か　正か邪か
いつも流れの中に船端刻む(註)
だが生きている事態は　刻刻不住《ふじゅう》
人生運転のねらいは思想ではなし
思い手放し　眠りからも覚め覚め
正気の沙汰で　生《なま》のいのちを見直し見直し
いまいま　いきいき
いのち的中の道　中道

（註）「流れの中に船端刻む」──昔ある人が船で河を渡っているとき、大切な宝剣を水中に落した。そこで直ちに落した処は此処だと船端にキズをつけてシルシし、船が碇泊《ていはく》してからその船端に刻みつけた印の下の水に入って宝剣を探したが、なかったという故事。

全くわれわれの一生とは、生と死をひっくるめた自分の人生というクルマを運転してゆくのにも似ています。このクルマが普通のクルマと違うところは、絶対にその運転台から降りられぬクルマであることです。だから、どこまで行っても（降りればこそA地点からB地点に移ったことになりますが、絶対降りられぬクルマなので）どっちへどう転んでも見渡す限り、自己ぎりの自己、今ぎりの今という自己の運転台の前に展開する風景だけです。このまさしく自己ぎりの自己、今ぎりの今という人生にただ坐るのが自受用三昧《じじゅゆうざんまい》であり、祇管打坐《しかんたざ》です。

そしてこの坐禅において最もいましめられるのが居眠り（昏沈）と考え事（散乱）ですが、人生運転でも大切なのは、ただ居眠り運転、考え事運転をせず、いつも刻々に展開する風景に覚めて覚めてゆくという一事です。

というのは、われわれはともすると居眠り運転や考え事運転しつつ、夢や思いによって船端を刻み、それでもはや「生《なま》のいのち」からとっくに宙に浮いてしまい、その幻覚妄想でメチャメチャ運転をしてしまいます。だからこのメチャメチャ運転で展開する結果の世界が既に幻覚ですが、さらにその幻覚世界の幻覚をさらに追いつつ生きているのですから、もはや全く糜爛《びらん》し切った凡夫世界となるわけです。

これに対し思いを手放し、眠りからもハッキリ覚め覚めて、正気の沙汰で行動しようというのが中道です。だからこの中は決して中途半端の中でもなく、中間の中でもありません。敢えていえば的中の中であるというべきでしょう。そして結局思いに片寄らず、眠りからも覚め覚めて、生《なま》のいのちを見直し、見直してゆくことが、四聖諦の道諦における道であり、八正道における正の意味でもあります。つまり八正道の正は不正や邪に対する正義の意味ではありません。敢えていえば正気の沙汰の正です。

ところで、またここに問題が起こります。先にもいいましたように、私は大体すべてを論理的に筋途立てて分かりやすく話す語り口の人間です。それで以上の私の根本仏教についての話も、大方の現代の人たちにも理解される話を申し上げていると思うのですが、しかし実はその時もはや仏法ではなくなってしまっているのです。というのは理解するということは既に観念（思い）で理解するということです。ところが以上の話は、実は思いで煮たり焼いたりする以前の生《なま》のいのちは決して理解できないのだということです。思いで理解できぬ話を理解してしまったのでは、もはや仏法の話にはなりません。仏法のむずかしさはそこにあります。

しかしこのような仏法の観念化は、仏教史上当初からついて廻っているようです。というのは釈尊が「悟りを開かれた」という目盛を先ずつけて、その「悟りという目盛にまでの修行」ということが早くからあっただろうからです。これに対し、『仏《ぶっ》垂《し》般《はつ》涅《ね》槃《はん》略《りゃく》説《せつ》教《きょう》誡《かい》経《きょう》（仏遺教経《ぶつゆいきょうぎょう》）』の冒頭には「汝等比丘《びく》、当《まさ》に波羅提木叉《はらだいもくしゃ》を尊重《そんじゅう》し珍敬《ちんぎょう》すべし。闇《あん》に明《みょう》に逢い、貧人《びんにん》の宝を得るが如し」とあります。『遺教経』は、釈尊の最後の説法のお経であり、いわばご遺言を記録した経ともいうべきですが、この冒頭に先ず一番大切なこととしていわれているのが、この波羅提木叉です。波羅提木叉はまたは別解脱戒ともいわれ、いま一つの戒を守ったとき、その守っただけは解脱するということです。

　これについて思い出すのですが、以前現在のミャンマー（ビルマ）のことを書いた本を読んだことがあります。この本の著者（誰だか、いま名前を忘れました）が、お役人である或るミャンマー人と知り合いになりました。それで或るときこのお役人に「あなたも仏教徒ですか」と訊《き》いたところ、彼は「もちろん私は仏教徒です。ミャンマーでは仏教徒でなければ社会人として通用しません」といいました。

　「ではあなたも五戒（不殺生戒《ふせっしょうかい》、不偸盗《ふちゅうとう》戒、不邪淫《ふじゃいん》戒、不妄語《ふもうご》戒、不飲酒《ふおんじゅ》戒）を持《たも》っているか」と訊いたところ「もちろん持っている」という返事です。それで「でもあなたは役人であり、時にはみんなと一緒に酒を飲まねばならぬときもあるだろうが、その時にも飲まないのか」「いやそういうときには飲むこともある。その時には不飲酒戒を犯したのだ」「では絶対にウソをつくことはないのか」「いや時にウソをつくこともある。その時には不妄語戒を犯したのだ」と。こういう問答があり、この本の著者は「この辺から話がだんだんアヤシクなってきた」と、いかにも「わが意を得た」ような口ぶりで書いていていました。

しかし私はこの一日本人と一ミャンマー人との会話を読んで、現在のミャンマー仏教が、波羅提木叉ということを、このように深く民衆に教えていることを知り、痛く感心したことでした。今の日本人としてはいつでも、持戒《じかい》か破戒か、合格か不合格か、というようなコンピューター的な話しか分からないので「この辺から話がアヤシクなってきた」というような下司《げす》のカングリの言葉（心のイヤシイ人間は下品な推測をする）が出てくるのです。

大体仏法では破戒と犯戒《ぼんかい》は違います。そしていったん戒を受けたら「永劫《ようごう》破戒の義《ぎ》なし」というのが仏法です。ナマの生きた人間ですから戒律という目盛通りに行動できるはずはないのが当たり前です。だからといって理性的人間として、戒律という目盛が全く無くていいというものではありません。五戒は理性的人間の当然の目盛であり、この目盛があればこそ、これを犯したとき「犯した」という懺悔《さんげ》のこころが起こるのです。これはカトリックでも教える良心の規準と同じです。われわれはいつもこの戒に護《まも》られながら、いま一つ戒を守ったらそれだけ解脱。一つ戒を犯したらそれだけ懺悔――これの連続で、しかしどこまでも戒を持ってゆこうという態度こそが、波羅提木叉のこころであり、またキリスト教でいう「神の国に近づく」こころであって、これこそが真実の宗教生活のこころでもあるのです。

それに対し悟りということを一つの目盛として観念化し、坐禅修行したあげく、いったん悟りを開いたら、そのあとはもはや酒を呑んで、芸者をあげて裸踊りしていようと、すべて悟りの境涯などと考えている人が、今の日本には実際におります。しかしこういう悟りは、それがたとい何十年修行したあげくの見解《けんげ》であろうとも、その修行はもはや自己自身の真実の修行生活とは全く関係のないことになってしまっているでしょう。もちろん、それはもはや仏法としての坐禅の話でもありません。真実の生きた悟りは、そんな迷いと対立した観念的境涯的なものではないからです。それはどこまでも得一法通一法《とくいっぽうつういっぽう》、遇一行修一行《ぐういちぎょうしゅいちぎょう》してゆくところに現成《げんじょう》してゆくべきものですから。

そうするとこういう悟りを誇る人たちは必ず「だって道元禅師でも眼横鼻直《がんのうびちょく》と悟られたではないか」といいます。確かに、しかし道元禅師が眼横鼻直と悟られたのは、「今の息は今息せねばならぬ」と悟られたのです。とにかく生身《なまみ》で生きているわれわれは、今の息を今息しつつ、初めて生きているのですから。同様にいつも今ここ正気《しょうき》の沙汰《さた》で見直し、見直し、人生運転してゆけばこそ初めていきいき生きるのです。修行・悟りについて沢木老師はいつもいわれました。「悟りとは『修行が悟りだ』と悟ることである」と。

このこころを原始仏典でいわれているのが、第四のキーワードとして挙げる『法句経』の言葉です。

㈣〝つとめ励むのは不死の境地である。
怠りなまけるのは死の境地である。
つとめ励む人々は死ぬことがない。
怠りなまける人々は死者の如くである〟

今日われわれが修行する根本的心構えとすべきところを、もし釈尊ご在世当時の言葉のなかに求めるならば、大体以上のような四つのキーワードとしていっていいと思います。修行を志される方々の日々の用心する言葉としていただければ倖せです。

拈自己抄――前編（第八回）

◆一口《ひとくち》 根本仏教教学史（一）

人生の真実絶対の生き方としての仏法は、釈尊において当初より完全な形で発見され（悟られ）、そして教えられ、伝えられてきたことを私は信じます。ここで敢えて私が信じますというのは、私が一個の仏弟子、仏道修行者としての当然の信仰です。というのは、釈尊以後もし仏法が進んだり変化したりしてきたのであれば、私の歩んでいる道は当然、釈尊からの正伝《しょうでん》の仏法、人生の絶対的生き方ではなくなってしまうであろうからです。道元禅師は「正伝の仏法」ということを殊《こと》に強調していわれますが、私も道元門下の一人として当然これを信じています。

その点で今どきの西洋流の学問方法による仏教学者たちとは根本的に違うでしょう。西洋流の科学的方法では、まず自己を単なる主観として切り捨てます。そしていかに客観的に――だから自己の生死《しょうじ》問題とはかかわりなく――あたかも自然科学者が自然を研究するのと同じように、例えば文献学的正確に「釈尊の実像と称するものを知る」ことをもって、仏法とします。しかしこの際、もしこのように自己の生死問題を切り捨ててしまえば、たとえ「釈尊の実像と称するもの」を明らかにしてみても、それは博物館入りしている仏教でしかなく、少なくとも宗教としてのいきいきした仏法ではなくなっているでしょう。もちろん、このような仏教学者の態度もそれなりの存在理由はあるわけですが、しかしそれは人文的史実を追求する学問であって、もはや自己の生死問題を追求する仏法ではなくなっていることだけは知っておくべきです。

その点、釈尊の根本は何より自己自身の生死問題であり、仏道修行者としての私たちは、この自己の生死を絶対的に乗り越えられた釈尊を信じ、その仏法を追求することをもって「仏法のために仏法を修《しゅ》する、仏道」として歩むのです。

しかしこのように当初から釈尊によって、人間の真実絶対の仏法が悟られてあるからといって、その「説き方」が長い仏教歴史において全然変化がなかったということではありません。仏教はご承知のように、インドに始まり、東洋の全般に広まっていったわけですが、その広がっていった地域や時代を通し、あたかも古代建造物がただ風化に耐えて残存してきたのとは違います。かえって「八万四千の煩悩により八万四千の法門が開かれた」といわれるように、仏法という生きた実物が、いかにさまざまな地域や時代における人々の煩悩や問題に応じ、いろいろに説かれねばならなかったか——その努力のなかにこそ、仏法は今日まで生きてきて**いる**のです。つまり仏法という「生きた実物」は釈尊から一貫して相続しつつ、しかしその説相（説き方、語り口）は、その地域、その時代に応じて変遷してきているのであって、それがいわば仏教の教学史なのです。

仏教の教学史は大変厖大煩雑です。日本の仏道修行者たちは一応、インド仏教史、中国仏教史など学ぶべきですが、インド人の語り口も中国人の語り口も、それこそ大陸的な粘り強さをもって大迂回《うかい》しつつ、われわれの一大事である生死問題に取り組みます。これに対し、何事も一口《ひとくち》で片付けたい（できるなら漫画で一目に見てしまいたい）島国的性急さをもつ今の日本人には、全く途方に暮れてしまうものがあるようです。

それでともすると、そういう仏教教学とは全く関係のないところで、ただ坐禅さえすればいいのだと思いがちです。しかしそれでは「秤《はかり》を持たずに商売するようなものだ」と先師沢木老師はいつもいわれました。というのは、もし仏教教学を少しでも学んでいれば決して間違わぬであろうような、全く的外れの鬼窟裡《きくつり》の坐禅にアタマをつっこんで、身動きがとれなくなってしまっているようなことがあまりにも多いからです。

その点われわれの坐禅は決して仏教教学から外れた坐禅であってはなりません。仏教教学は前にもいったように、われわれのする坐禅の脚註なのですから、それを学んでどこまでも古教《こきょう》照心《しょうしん》しつつ、坐禅する姿勢も正し、また生きる姿勢も正してゆくべきです。それでこれからの仏道修行者にもぜひ一応の教学の勉強をしてもらいたいと願うので、以下釈尊以後展開してきた仏教教学について、われわれの坐禅という実物から整理したところで、一口にいってその展開がわれわれの坐禅とどういう関係をもつか、いわば仏教勉強の手ほどき、目安のつもりで、後学の人のために書きます。

釈尊のお説きになった根本仏教の概略は、大体、先に述べたような㈠縁起法㈡集の法は滅の法㈢中道㈣波羅提木叉としてまとめられていいと思うのですが、しかし釈尊のご在世当時いつも説かれたご説法が、必ずしもこのような人生全体を見渡す世界観的、哲学的な話をされたとは思えません。むしろいつも釈尊のもとにやって来る人たちは、そんな人生全体を考える哲学的話を求める人たちではなく、かえって身近な世間的悩みの解決を求める人たちが多かったでしょう。そういう人たちに対し、仏教用語に「応病与薬《おうびょうよやく》」とか「対機説法《たいきせっぽう》」とかいう言葉もありますが、つまり「人を見て法を説く」ために、それこそ身近な日常の話をして仏法は説かれねばなりませんでした。

そして身近な世間的悩みといえば、今も変わりはありませんが、結局人々はみな自分の思うようにならないので悩んでいるのです。一口にいえば生まれてきて何か楽しい生活をしたいのに、思うように楽しめないから悩み苦しんでいるわけです。こんな人たちに対する釈尊のご説法は、この世の中に生まれてきたことが、果たしてそんなに楽しいものであるかどうか――まずそれを反省させる話を繰り返されることが圧倒的に多かったのは当然です。それこそわれわれはいつも何か楽しいとき（享楽や幸福）をもつことを期待しつつ、一生を苦しんで生きています。そしてほんのちょっと「今は楽しいときだ」と思うか思わぬかさえ分からぬ一瞬のうちに、かえって打ちのめされて、また苦しみのなかに沈んでゆくのです（諸行無常）。

それというのも大体、楽しいとき（享楽や幸福のとき）があったとしても、それがずっと持続して有ることはないからです。すべての条件が集まりととのい、それでほんの一瞬、楽しい、幸福と思うときもないはずはないのですが、しかし実は「楽しい」、「幸福」という「そのもの」が実在するのではないからです。つまり「楽しい」、「幸福」という固定した実体はないので（諸法無我）すぐにその逆に転じてゆくわけです。それで本当は、そういう楽しさ、幸福を夢見て追うことそのことが、実は苦しみなのだといわねばなりません。これを「三界皆苦《さんがいかいく》」というわけですが、だからその「苦」という言葉の意味が、今のわれわれの考える意味とは全く違っていることをよく知ってかからねばなりません。大体、今の日本人など金ひとつあればすべて解決してしまうような程度の苦しみしか考えられないのです。それでとにかく金さえあればと、働いたり、悪《わる》巧《だく》みしつつ、お互い金の奪《と》り合いに夢中になっています。しかしそんなのは根っからただ「金不足」というべきであって、本当は「苦」というべきではありません。

三界皆苦という場合の苦しみは、金がいくらあっても、その金では解決することができぬ――「自己自身がいつでも愚図《ぐず》らずにはいられぬココロ」そのものなのです。つまり、いつも外に向かって「何かオモシロイことはないか」「何か楽しいことはないか」とウロウロせずにはいられぬココロそのものこそが、人間にとっての本質的苦しみというものです。

それで、結局そういう楽しみ（幸福）とか享楽などという外のアテに向かって追い求める心をヤメルことこそが本当の解脱であり、安らいでなければならぬ（涅槃寂静《ねはんじゃくじょう》）――まずこのようなお説法をなされることが多かったでしょう。

仏滅後、仏弟子たちが集まって、あの時あそこでは釈尊はこのように説かれたと、暗誦しつつ伝えてきた言葉を結集して、経典としたといいますが、だから初期に結集された阿含経典には、人生全体を見渡すような、哲学的言葉よりも、かえってこのような実際的な世間的苦悩から、いかに解脱するかの話の方が圧倒的に多く集められてあるのは当然と考えられます。

そして同時にその経典の上に成長していったいわゆる阿毘達磨《あびだつま》（仏の教えを注釈した論蔵）仏教時代の特徴は、いわゆる諸行無常、諸法無我、三界皆苦（一切皆苦）、涅槃寂静という四法印《しほういん》（仏道と外道とを区別する四つのしるしの意味）でまとめられるようなものとなりました。

拈自己抄――前編（第九回）

◆一口 根本仏教教学史（二）

部派仏教時代の教学の特徴は㈠諸行無常㈡諸法無我㈢三界皆苦（一切皆苦）㈣涅槃寂静という四法印でまとめられるようなものであったと先にいいましたが、この四法印は、そういう教学とは別流に正伝《しょうでん》してきている坐禅から見て、仏法の正鵠《せいこく》を得ていなかったので、その後の大乗仏教の展開も起こらなければならなかったと見ることができます。しかし、これについていうためには、まずわれわれの使う言葉について考えてかからなければなりません。

まず「諸行は無常なり」についてですが、この言葉は『平家物語』以来、日本人には親しい言葉であり、今日でも権勢に誇る一族が没落したり、あるいは最近まで元気に働いてきた若い人がポックリ亡くなったときなど、「世の中は無常だ」などと仏教の言葉を持ち出して嘆きます。無常は日本語の発音では、無情にも通じ、ナサケナイとき、殊によくわれわれの気分を言い表わす言葉のようです。これに反し本当は、例えば今まで貧乏だった人が急に大儲けして大富豪になったり、子どもが立派に成長したりすることも無常だというべきですが、しかしそういうときにはあまり無常だといいません。かえってただ悲しいとき、情ないときに限って「ああ世の中は無常だ」と詠嘆のコトバをあげるわけです。

釈尊が「まさに色《しき》は無常なりと観ずべし。かくの如く観るものはすなわち正観《しょうかん》すとす……」などといわれるときも、大体「三界は皆な苦なり」ということを裏側においていっておられるので、やはり楽しいときが楽しくなくなることについての詠嘆の意味でいわれているようです。また、道元禅師の『学道用心集』にも、冒頭に「菩提心を発《おこ》すべき事」という章があり無常を観ずべきことが説かれており、『正法眼蔵随聞記《ずいもんき》』にも「無常を観ずべし」と随処にいわれておりますが、全く仏道修行者として「観無常」こそは、修行に専注《せんちゅう》するためには一番大切なことです。仏道修行者としては、とにかく楽しいときを夢見ることをもって生き甲斐としているようではならないからです。修行者が仏道から外れてしまう第一の契機は愛欲や名利《みょうり》であることは、昔も今も変わりませんが、これを乗り越えるためには、まず何より愛欲や名利がハカナイものでしかないと、これは客観的真理としてではなく、主観的感情の深さにおいて感じておくべきだからです。

その点、人間の思いはコトバによって表現されますが、その人間のコトバは、文法的にいえば大きく規定詞と感嘆詞の二つの分野に分けられます。規定詞は、事態を外側から見て、「これ」

を他から区別して規定してくるコトバであり、これに対し感嘆詞は、それを体験している当の本人の「今ここという瞬間」「自分自身の全体を籠《こ》めて」発する音声です。ここに私が釈尊や道元禅師のいわれる無常が、詠嘆のコトバであるというのも、結局規定詞的意味としていわれるのではなく、感嘆詞的にいわれているコトバであるといいたいのです。だからわれわれ仏道修行者としては、「諸行は無常なり」というコトバもそういう意味で受け取りつつ、どこまでも自分自身の修行用心のコトバとして深く噛みしめてゆくべきです。

敢えてこのようなことを取りたてていうのは、この無常ということを、そのまま存在の客観的真理、つまり規定詞的コトバとして受け取るならば、当然それは存在の一面しかいっていない、不充分なコトバとなってしまうからです。仏教としてはいつも「自心《じしん》と万法《まんぼう》と分かれる以前の生《なま》のいのち」についていおうとしているのであり、それが今の場合「諸行」という主語です。この生《なま》のいのちは当然流動しているのですから、無常であることはいうまでもありません。しかもし「諸行は無常なり」を、客観的存在を規定した命題として立言するならば、この「無常なり」という命題さえも無常してゆかねばならないわけで、それ自身矛盾したコトバとなってしまいます。

「菩薩摩訶薩《ぼさつまかさつ》、般若波羅蜜を行ぜんと欲せば、色《しき》是れ無常に住すべからず。受想行識《じゅそうぎょうしき》是れ無常に住すべからず。何を以ての故に、無常、無常の相、空なり。無常空のゆえに無常と名づ

けず。空を離れて亦《また》無常なし。無常は即ち是れ空、空は即ち是れ無常なり」（『大般若経』集散品第九）

つまり無常は客観的存在自体の在り方だと言い切れば、無常ということさえも無常してゆかねばならず、それで『般若経』ではかえって、生《なま》のいのちを「空」と言い直すことによって「無常は即ち是れ空、空は即ち是れ無常なり」といいます。

また、『大智度論』巻二十三には「凡夫人は邪見生ずる故に、世間は常なりと謂《い》えり。是の常見を滅除せんが為の故に、無常と説く。無常是れ実なるが為の故にあらず」ともいわれています。つまりわれわれ凡夫はいつも「花のいのちはいつまでも花のいのちだ」と思っているわけですが、この常見を打ちこわすために、「花のいのちはやがて散りゆくのだ」という裏面を強調するのが、無常というコトバです。これをもし無常だけが客観的存在の真理だとしてしまえば、かえって断見となってしまうでしょう。『般若経』ではその「常見をも断見をも超えた生《なま》のいのち」をいわんとして「空」だというのです。

しかしこの空ということも、どこまでも空を修行してゆくところにのみ意味があるのであって、もし空を観念化し、空を存在の真理であるかのように立言すれば、これも空の固定化であり、それ自身空でなくなってしまいます。だから「空も亦空なり」といわれるわけですが、とにかく空も無常と同じく客観的命題として言い切ることはできぬコトバです。

結局、仏教がいわんとしているところのものは、どこまでも「人間的思いで煮たり焼いたりする以前の生《なま》のいのち」なのであり、それに思いでアレとコレと分別する以前なのですから、もはや「不二《ふに》」としかいえぬものであり、ただ「黙」するより外はないというのが、『維摩経』です。あるいは『法華経』の前経である『無量義経』では、

「一切諸法は自ら（それ自身としては）、本《ほん》（過去）来《らい》（未来）今《こん》（現在）、性相《しょうそう》は空寂《くうじゃく》にして、大《だい》無く小《しょう》無く、生《しょう》無く滅《めつ》無し。住《じゅう》に非ず動《どう》に非ず。進《しん》ならず退《たい》ならず。猶《な》お虚空《こくう》の如し。二法有ること無し」（説法品第二）

といわれます。

このような「不二」とかあるいは「二法有ること無し」とかいうコトバは、いわば「生《なま》のいのち」を外部から（観察者として）本質的に捉えた最後の言葉であり、仏教教学はついにそこまで到達したわけです。ところで「不二」の故に「黙」するより外はなく、「二法有ること無し」の故にもはやコトバの道は絶えてしまう（言辞相寂滅）わけですが、そこから一転して、全く豊かな大乗仏教の世界を展開してみせたのが『法華経』です。この『法華経』についてはまた、章を改めて次に申し上げてゆくでしょう。

もう一つ部派仏教の四法印の「諸法無我」についてですが、これも命題としてみるとき甚《はなは》だ問題を含むコトバであるといわねばなりません。もちろん仏教は無我を説く教えであるわけですが、

「諸法は無我なり」を客観的真理をいう言葉とするならば、「では世の中、何をしても構わない。どうせ最後は何も無くなってしまうのだ」ということになってしまうからです。

これについて今でも思い出さざるを得ないことがあります。私はある時ある地方都市在住の老医師から手紙を受け取りました。これにはアンケート用紙と称するものと、それと一緒にこの老医師自らが書いたという、医学雑誌掲載の「科学的にいって人間の死後に霊魂はない」という文章のコピーが入っていました。アンケート用紙の方には、貴方は死後に霊魂が「有ると思う」「無いと思う」「分からない」「その他」など項目が書いてあり、それの一つに○をつけてくれというのです。

私は「無い」という方に○をつけて、その下に「どうせ太陽も地球も無くなるときがくるでしょう。その時にもわれわれの霊魂が宇宙空間のどこかに永遠に漂っているようなことはあり得ないでしょうから、無いと思います」と書き添えて送りました。そうしたら折り返し、その老医師からまた手紙が来て「私のアンケートはそんな永遠のことを問題にしているのではない。死んだ当座の霊魂の有る無しを問題にしているのです。死後当座でも霊魂は無いでしょうね」と。もはやアンケート調査ではなく、この老医師自身の「死後に霊魂は無いと自分にいって聞かせたい」自分の気持ちをムキ出しにして、私におしつけてきました。

これで私は「ははあ」と分かりました。この老医師先生は「医は算術」の先生であって、今までに沢山の患者たちを自分の算術のために犠牲にして稼ぎまくり、今や病院を息子さんにでもゆずって、自分は反省する時間をもち、改めて自分が今まで算術により沢山の苦しみを加えながら死なせてしまった患者たちの亡霊に悩まされているのでしょう。それでこれに対し、この先生は「自分は科学者なのだ。科学的にいって亡霊などありはしない」と躍起になって、ウヨウヨ出てくる亡霊たちとたたかっているわけです。

こんな算術先生に対しては、はっきり「霊魂はある」「いま貴方がたたかっている相手がそれなのだ」といわねばなりません。もしこんな先生に、亡霊など全くないことが科学的であり、仏法の「諸法無我」は現代の科学と一致するなどといえばとんだことになります。というのは、それならば「諸法無我」は全く人間的倫理道徳の破壊に繋《つな》がってしまいますから（しかし私はこの八十歳を越えているという老医師に対し、これ以上は悩ませたくないので、この手紙の返事は書きませんでした）。

その点、仏教では昔からのインド人の信仰であった輪廻転生説を受け入れ、そのまま説いているわけですが、もしこの「諸法無我」を客観的真理のコトバとするならば、この輪廻転生を荷《にな》う主体が無くなり、因果歴然《いんがれきねん》の教えも無意味となってしまいます。

それが有部《うぶ》の『倶舎論《くしゃろん》』などでは無我とはいわず、破我《はが》といい、そして業感《ごうかん》縁起説を説きます。さらに無著《むじゃく》・世親の唯識系統では阿頼耶《あらや》縁起説を説くことにより、今いうような霊魂についてばかりではなく、われわれ日常行為における因果関係についても、全く詳細巧妙に説明する心理学を展開しています。そういうつもりで唯識教学など勉強すると、われわれの実際修行における日常生活の心構えにも大いに役立つと思います。

さらに上に述べた、無常から空、そして不二、言辞相寂滅と続く実相論系統と、業感縁起論、阿頼耶縁起論などの縁起論系統とを、大きく真如のなかに総合包摂《ほうせつ》してしまった『大乗起信論』では真如縁起論となって、それ以後の中国における実大乗諸宗派を展開してゆく根本地盤となってゆきます。

拈自己抄――前編（第十回）

◆一口《ひとくち》 法華経（一）

『法華経』はそう大部《たいぶ》のお経ではありませんが、その内容譬喩《ひゆ》の絢爛豪華《けんらんごうか》さ、その表現の豊満華麗さは、この経が自ら経典の王と名乗ることをそのまま許して、古来経典の王として尊崇信仰を集めてきました。

さらにこの経を嵩高《かさ》いものにしているのは、中国以来、この経は細かい科段《かだん》に分けられ、あたかも何階建ての大建造物のように構えさせてしまっており、この科段通りに読まなければ、この経を読んだことにはならぬよう錯覚をおぼえさせてしまうことです。

しかしいま私はこの経の絢爛豊麗さおよび科段の精緻さなど、いずれもインド人的語り口、中国人的語り口として片付け、どこまでも「一切経は坐禅の脚註である」という大局的看点から、マッサラな目でこの経を読み、この経がわれわれ「自分が自分を自分する」坐禅人に、一体何を教えてくれるのかを読みとることこそが、大切なことと思っています。そしてそんな看点から、この経について次の四つのキーワードをもって概観して申し上げてみたいと思います。

第一のキーワード

「是法不可示《ぜほうふかじ》　言辞相寂滅《ごんじそうじゃくめつ》」（この法は示すべからず、言辞《ことば》の相《すがた》は寂滅《じゃくめつ》すればなり）（方便品）

第二のキーワード

「十方仏土中《じっぽうぶつどちゅう》　唯有一乗法《ゆいういちじょうほう》」（十方は仏土の中、ただ一乗の法のみあり）（方便品）

第三のキーワード

「今此三界《こんしさんがい》　皆是我有《かいぜがう》　其中衆生《ごちゅうしゅじょう》　悉是吾子《しつぜごし》」（今この三界は、皆これ我が有《う》。その中の衆生は、悉《ことごと》くこれ吾が子）（譬喩品）

第四のキーワード

「毎自作是念《まいじさぜねん》　以何令衆生《いがりょうしゅじょう》　得入無上道《とくにゅうむじょうどう》　速成就仏身《そくじょうじゅぶっしん》」（毎《つね》に自ら是《こ》の念を作《な》す。何をもってか衆生をして無上道に入り、速《すみや》かに仏身を成就することを得せしめんと）（如来寿量品）

さてこのように昔からのこの経に対する註釈など用いずに、マッサラな目でこの経を読んでみる気になったとき、まず始めに当惑するのは、この経の本論が先ず「是法不可示　言辞相寂滅」

（この法は示すことはできない、言葉の途が絶えているから）ということから始まることでないでしょうか。

それというのも「仏の成就したまう所は第一の希有《けう》なる難解《なんげ》の法にして、唯仏《ただほとけ》と仏とのみ、乃《すなわ》ち能《よ》く諸法の実相を究め尽くせばなり」といいながら、その諸法実相《しょほうじっそう》がどういうことなのかには全く触れず、以下、次から次と、「だからこの法華経は素晴らしい経である」という自讃の言葉ばかりが続きます。

この経がこのように自らを讃嘆する言葉に比べれば、今どきの包装過剰の贈答用の菓子包みなど、まだ貧弱な包装に思えてきてしまうほどです。しかもそんな過剰包装のなかから出てくるものは、それが一体どういうことなのか、全くいわれていない「諸法実相」というコトバ一つなので、もはやそれは食物ではない、菓子に似せた小玩具一つがコロッと出てきた感じです。――少なくとも普通の読み物としてこの経を読むとき、誰でも先ずそんな思いに駆られるのでないでしょうか。とにかく一般に仏典――殊に大乗経典はインド人的語り口で、広大茫漠《はうばく》たる話でみごとに包装されており、それには相当慣れているつもりでいても、この経の過大包装には誰しも辟易《へきえき》させられてしまうと思います。

しかしそれにも拘《かか》わらず、いったんこの経をもしわれわれ自身がする坐禅（自受用三昧）を通して読み返してみるとき、この経を見る目はガラッと変わってこなければならないのであり、そうして初めてこの経の意味の深さが味わわれてくるでしょう。

大体この経の序品第一によれば釈尊がこの『法華経』を説かれたのは、まず大乗経の無量義・教菩薩法・仏所護念（『無量義経《むりょうぎきょう》』のこと）を説かれたのち、結跏趺坐《けっかふざ》して、無量義処三昧《むりょうぎしょざんまい》に入られました。

そして方便品第二において、釈尊はこの三昧から起《た》って説き始められた最初の言葉が「止《や》みなん、復《ま》た説くべからず」そして「言辞の相寂滅すればなり」なのです。つまり『法華経』は、元来、結跏趺坐、坐禅の中味が説かれているのであって、一口にいえば「坐禅の中味は口ではいえぬ」ということなので、これはアタリマエのことをいっているだけです。とにかく坐禅は居眠りしているのではなく、「生《なま》のいのちの実物をする」ことなのですから、その中味が無いわけではありません。しかし坐禅は「思いを手放しにする」ことなのですから、これといって分別して、とり出されることはできないのです。

ところで『法華経』の前経である『無量義経』については先にもちょっと触れましたが、「一切諸法は自ら（それ自身としては）本《ほん》（過去）来《らい》（未来）今《こん》（現在）、性相《しょうそう》は空寂にして、大無く小無く、生無く滅無し。住に非ず動に非ず。進ならず退ならず。猶《な》お虚空の如し。二法有ること無し」という言葉が出ています。

そしてそれに続いて、

「如是《にょぜ》（二つに分かれる以前）と観じ已《お》わって、而《しか》も衆生の諸根《しょこん》（眼耳鼻舌身意の六根のこと）の性欲《しょうよく》（過去からの習性と現在の楽欲《ぎょうよく》のこと）に入れ。性欲《しょうよく》無量なるがゆえに説法無量なり。説法無量なるが故に、義《ぎ》（意味、道理）もまた無量なり。無量義は一法（生《なま》のいのち）より生ず。其の一法とは即ち無相《むそう》なり。如是の無相は相無くして相ならず（不相）。相ならず（不相）して、相無きを名づけて実相（ありのままのすがた）となす」

とあります。

つまり本来、二法に分かれる以前の生《なま》のいのちなのだが、衆生の諸根の過去からの習性や現在の欲望がいろいろと無量なので、それに応じて、説かれる法も無量に現われるのだということです。そしてこの一法は分別以前だから、無相です。しかしその無相という相《すがた》もないので、これを実相というのだといわれます。

諸法実相について、その前経である『無量義経』が述べているところは大体こういうことですが、こうみてくると『法華経』は、確かにわれわれのする坐禅の中味、あるいはわれわれ坐禅人の生《なま》のいのちの中味について説こうとしているお経なのだということが分かります。しかし、もしこのようにわれわれの生《なま》のいのちについて、「是法不可示　言辞相寂滅」というだけで終わってしまっているなら、それこそその辺の禅者たちが、何か自分のコトバがツマッテしまうと、

「言葉ではいえぬこっちゃ。ただ坐るこっちゃ」などと誤魔化すのと同じで、そんなことなら本当にいわなくてもいいことです。

ところがこの経の素晴らしいところは、これからみごと一転して、全く無限の深さ、無限の豊かな世界を展開してみせます。その端初を開く言葉が第二のキーワードとして挙げる「十方仏土中　唯有一乗法」（東西南北四維上下《しゆいじょうげ》、どっちへどう転んでも仏土中であり、ただ一乗の法のみである）です。

先にもいいましたが、われわれのコトバには規定詞的使用と感嘆詞的使用があります。規定詞はいわば観られたものに対し、「観るもの」（主観）が「観られるもの」（客観）の外側に立って「観られたもの」を外部的に規定するコトバです。つまりそこでは「観る」「観られる」という認識論的主客の分離が先ず行われ、その上に「観るもの」が「観られるもの」に対し、「アレ」と「コレ」と分別するわけです。

これに対し感嘆詞とは「観る」（主観）「観られる」（客観）の分別以前のところ――つまり「人間的思いの働く以前、いのちの発する音」です。例えば熱湯が身にかかって「アッッ」と飛び上がる声のようなのが感嘆詞です。これは「我れ熱し」と判断する規定詞的コトバとは違います。

先にもいいましたが「無常」というコトバも「空《くう》」というコトバも、さらに「不二《ふに》」というコトバも、感嘆詞として受け取る限りは問題はありませんが、これをもし存在一般を規定するコトバとしてみるならば、たちまちそのコトバ自身が自己矛盾してしまいます。というのは少なくとも無常というコトバの意味が人間同士通じ合うのは、何か固定した「無常ならざる意味」が通ずるのです。また空というコトバにしても何か規定された「空ならざる意味」が有ればこそ通ずるわけです。さらに不二というコトバも、規定詞的意味として通ずる限りは「それをいう人」や「それを聞く人」から分離した「意味」が通じ合うわけで、既に二となり三となってしまっています。もちろん「黙」というコトバも「不可説」というコトバも同様です。黙と発言し、不可と説いているのだからです。

つまり思いで煮たり焼いたりする以前の、生《なま》のいのちについては、どんなコトバを持ち出していおうと、それを規定詞としていい、規定詞として受け取る限りは、そのコトバ自身が矛盾してしまいます。

ところが『法華経』はこの点で、全く画期的に新たな途を切り拓《ひら》きます。それはどういうことかというと、この生《なま》のいのちを外側から規定することをやめて、かえってこの「生《なま》のいのちを生きる当の本人」として「十方仏土中　唯有一乗法」と発言したことです。つまり「どっちへどう転んでも、生《なま》のいのちの真唯中《まっただなか》」という、コトバの感嘆詞的使用において、一人称的当の本人として発言したことです。

これは全く素晴らしいことです。これは規定詞的発言ではありませんから、抽象的普遍性をもつコトバではありませんが、少なくとも誰でも自己自らの内に味わえば味わうほど、いよいよ深さをもってくる具体的普遍のコトバです。

さらにこのように、いったん「それを生きる当の本人的発言の道」がつけられたところ、さらによりはっきりと、われわれのナマのいのちの在り方が闡明《せんめい》されてゆきます。それが第三、第四のキーワードとして挙げるコトバです。

というのは、われわれ人間は理性をもつ動物であり、理性者である限りは、分別をもち、コトバをもちます。この理性者的人間として、ただ「真実は口ではいえぬ」というだけで許されることはありません。「分別されたもの」は確かにもはや「生《なま》のいのち」ではありませんが、「理性者的生《なま》のいのち」としては、刻々分別しつつ生きてこそ「いきいきした生《なま》のいのち」なのです。そこで『法華経』は単に「人間的アタマの分別のコトバ」としてではなく、かえって「刻々に分別をもって働く生《なま》のいのちとして」、十方仏土中（どっちへどう転んでも御いのち真唯中《まっただなか》）と発言するのです。

そして今やこのように「理性者（アタマをもついのち）を生きる当の本人」として発する「いのちのコトバの道」を切り拓いた『法華経』は、われわれ人間自身に全く豊かな「いのちを自覚する道」を切り拓いてみせたわけです。もし仏教でいう智慧というコトバを定義の形でいうとすれば、まさに「生《なま》のいのちとして働かす分別」であるといっていいのでないでしょうか。

それで次に第三、第四のキーワードとして挙げるところは、まさに坐禅（自受用三昧）および
われわれの人生についての決定的な智慧のコトバというべきです。

拈自己抄——前編（第十一回）

◆一口法華経（二）

私が『自己』という本にのせた「思い以上の私」という文章を書いたのは昭和二十八、九年の頃でした。そしてまた沢木老師の会下《えか》で、二十年近くも典座《てんぞ》（叢林《そうりん》で炊事を担う役職）をつとめたあげく、その総決算のつもりで書いた『人生料理の本―典座教訓にまなぶ』という本に出てくる「出会うところわが生命」という言葉を言い出したのは昭和四十二、三年の頃でしたでしょうか。とにかくこれら「思い以上の私」とか「出会うところわが生命」とかいう言葉は、私が昭和十六年出家以来、坐禅修行、仏道修行してきたあげくの言葉であったわけですが、それらを本にしてからも既に二十数年経過してしまいました。そしてそれ以後いつも同じようなことを、喋ったり書いたりして、随分沢山の本を刊行してきてしまいました。私がこのようにいつも同じことをいっているのは、仏法がただ一つなのですから当然のことであって、むしろ二、三十年も前から、私は仏法のなかにはまりこんで以来、一貫して変わらないでこられてよかったと思っています。

しかし私はそれ以来、決して同じことを惰性的に、あたかも一つのテープを廻すように話してきたのではありません。それこそいつでもこの同じ一つの仏法について、いかに一鍬《ひとくわ》でもより深く掘り下げて語ろうかと努力してきているのです。その点、私の本の愛読者の方々には、私の本のすべてを集めておられる方が大変多いのですが、私はそういう方々に決して同じ話を沢山の本にして売りつけたつもりは全くありません。むしろどの一書、どの一書も、いつも私の精一杯において、いかにより深く一鍬でも掘り下げて語ろうかと努力している結晶なのですから、それを読みとっていただくことを願っております。著者である私が書くためにする努力と同じだけ、読む努力をして下さるなかにこそ、誰でもない、読者ご自身の「自己のいのち」も深められてゆくのだからです。

いや私自身、今この『法華経』において、一々の『法華経』の言葉につき、『法華経』を説いた人（それが誰であるか、名前さえも分かりませんが、しかし『法華経』も必ずその初めに説き出した人があったに違いありません）と同じ努力を払って、その背後にある深い意味を読みとりたいと努めつつ、これを書いています。そして先に挙げた第二のキーワード「十方仏土中　唯有一乗法」という言葉も「生のいのちを生きる当の本人的発想の言葉」として読むようになったとき、誰でもない私自身が十方仏土中にあることをもはや信じて疑わなくなりました。有難いことだと思います。

この場合、十方とは東西南北四維上下ということであり、「あらゆる方角にどっちへどう転んでも」の意味です。仏土中の「仏」とは、「畢竟帰大人《ひっきょうきだいにん》」ということです。この私の仏に対する定義は、毎度引用する「仏とは涅槃に名づく、涅槃とは畢竟帰に名づく」（『涅槃経』師子吼品《ししくぼん》）と「諸仏とは大人なり」（『正法眼蔵』八大人覚《はちだいにんがく》）という典拠によるものですが、要するに私たちのいのちのゆきつくところは、決して他人他物になることではない。ただ自己自身が真の大人《だいにん》（おとな）になる以外にはないのです。自然界生物もみな未成長未発達の赤ん坊として生まれて来、そして、いずれ成長して、大人になるのが自然のゆきつくところであるのと同様です。それで十方仏土中とは、結局われわれ、どっちへどう転んでも他人に成るのではなく、「ただ自分自身が成長して真の大人になるいのち」を生きているのだということです。とにかくこのようないのちを生きる当の本人として発言した『法華経』の素晴らしさを讃嘆しつつ、この言葉をよくよく自分自身に当てはめて味わいましょう。

そしてこの言葉が他人の上の言葉としてではなく、まさに「このいのちを生きる当の本人」のものとして自分自身に当てはまったとき、第三のキーワード「今此三界《こんしさんがい》　皆是我有《かいぜがう》　其中衆生《ごちゅうしゅじょう》　悉是吾子《しつぜごし》」（今この三界は、皆これ我が有。その中の衆生は、悉くこれ吾が子）ということも全くすんなり、自分自身のこととして受け取れるでしょう。

誰でも自己は自己を生きるより外はありません。そして誰と出会い何と出会っても、結局それを「自己のいのちの中味内容として出会う」のです。道元禅師はこれを「拈百草は拈自己なり、拈万木は拈自己なり」といわれますが、確かに私たちはこの自己を生きるより外はないと同時に、「見渡す限り自己ならざるはない自己」に出会うのであり、そういう意味でどこまでも「自己ぎりの自己」を生きているのです。

それ故「自己ぎりの自己」といっても、決して何の変化もない無風景ではありません。「自己ぎりの自己のいのち」のなかには実に世界万般《ばんぱん》が次から次へと、自己の中味内容として展開してきます。これらは自己のいのちの中味内容ですから「三界は我が有（所有）」であり、そのなかに出会う処のすべては、私の生命の分身、わが子であるというのが「其中衆生　悉是吾子」です。

なお、ここの衆生という語についてですが、私はこれまで「世の中の生きとし生けるもの」というぐらいの意味で受け取ってきました。しかしつい最近になって仏法でいう衆生は、「衆《おおく》」に現われた私自身の「生」命という意味であるとして、深く理解するようになりました。いや正確には「出会うところわが生命」として出会う「行《ぎょう》」の態度において衆生という言葉もあるのです。仏教における衆生は決して自己と関係なく向こう側に存在する他者ではありません（なお、このことは後にキリスト教『聖書』の話とも連関しつつ申し上げるでしょう）。

ところでここまで深く衆生という言葉をわがいのちの中味として味わってくると、第四のキーワードの意味も、全く坐禅人、仏道修行者のこころとして、当然のこととして受け取られてくるでしょう。

「毎自作是念《まいじさぜねん》　以何令衆生《いがりょうしゅじょう》　得入無上道《とくにゅうむじょうどう》　速成就仏身《そくじょうじゅぶっしん》」（毎《つね》に自ら是の念を作《な》す、何をもってか衆生をして無上道に入り、速《すみや》かに仏身を成就することを得せしめんと）

つまり私の出会う衆生はすべてもはや自己以外の他者ではなく、かえってただ自己のいのちの中味であり、わがいのちの分身です。いや既成的事実としてそうであるのではなく、かえってただ「出会うところわが生命」として出会う態度の行《ぎょう》においての衆生なのです。それで私自身は私の出会う一切に対して「いかに無上道に入らせようか、いかに畢竟帰であらしめようか」とつとめる行において、一切衆生ぐるみ仏身を成就しようと、常にこの念をなすのです。

つまり私がいかに「共に育って」一切衆生ぐるみ、真の大人を成就しようかと、いつも「今の心」（念）としていることです。

「三界我有」にしても、この「毎自作是念」にしても、お釈迦様という他人の言葉として研究だけしているのは、仏道修行者の態度ではありません。仏道はすべて当初から最後まですべて自己の話であり、ただ自己を深めてゆく道です。そうあってこそ拈自己というのです。

さらにもっと具体的にいえば、この「十方仏土中」も「三界我有」も「毎自作是念」も、いずれもわれわれのする坐禅そのものの在り方の話でもあります。仏法としての坐禅は決して世の中の煩悩から逃避して山のなかに入り、やれやれ自分だけはゆっくり坐っていようというような坐禅であってはなりません。どこまでも一切衆生をわがいのちの中味として、常にこの一切衆生ぐるみの自己のいのちを、畢竟《ひっきょう》帰《き》大人《だいにん》たらしめようかとつとめてゆく誓願行《せいがんぎょう》に裏打ちされた坐禅でなければならないのです。私がかつて坐禅（一坐）は二行（誓願行、懺悔《さんげ》行）と三心《さんしん》（喜心、老心、大心）に裏づけられていなければならぬといったのも、同様のことです。

その点いま時分、坐禅をサトリを開くための修行と思い、とにかく坐禅修行して、自分だけいい境地境涯になりたいというつもりで坐禅する人が多いです。しかしそんなつもりの坐禅は「十方仏土中　唯有一乗法」としての仏法の坐禅にならないことは、以上の『法華経』の言葉からみても明らかです。

坐禅はただ坐禅の恰好をすればいいのではありません。それこそ外道も二乗も坐禅しますが、それでは本当の仏法としての坐禅にはならないのです。坐禅する限りは本当の仏法としての坐禅をすべきです。そのためには先ず充分仏法というものの在り方を学び、本当の仏法としての自受用三昧（自己ぎりの自己に坐る坐禅）を修行することが大事です。

また、一発ドカンとサトリを開いたら、その後は何をしていようとすべてはサトリの境涯ぐらいのつもりでいたら、そんなのは全く「死に悟り」でしかないでしょう。われわれの肉体でさえも今の息は今息しつつ初めて生きているのです。同じく坐禅も始めから十方仏土中に坐りながら、どこまでも自己の中味たる衆生をしていかに得入無上道、速成就仏身せしめようかと、毎自作是念しているところにこそ、本当のいきいきした発心修行菩提涅槃であることができます。これを証上修《しょうじょうしゅ》の坐禅、修証一如《しゅしょういちにょ》の坐禅とも、坐禅人の正念相続《しょうねんそうぞく》ともいいます。

根本仏教における「波羅提木叉」は、このように『法華経』では「毎自作是念」という「当の本人的、一人称の言葉」でいわれていることを、よくよく味わい、そして自己自身「毎自作是念」して生きたいと願います。

なお、念のため申し上げておきますが、坐禅をするとき、以上のようなことを考えながら坐禅しろといっているのでは決してありません。そうではなく、万事放下《ばんじほうげ》、ただ思い手放しの祇管打坐《しかんたざ》すれば、おのずから以上のような誓願行が伴ってくるのです。それはあたかも念仏一つに絞っている妙好人《みょうこうにん》の人柄にはおのずと慈悲の心が滲《し》み出てくるようなものです。それに反し俺一人がとにかくドカンと一発サトリを開きたいというようなネライで坐禅を始めれば、どこまでいっても決して仏法の坐禅にはなりません。そのあたり、以上の『法華経』の話で、われわれは仏法というものの在り方を知り、「十方仏土中　唯有一乗法」という仏法としての坐禅を坐るネライを決めたいと思います。

最後に以上の四つのキーワードをもって語ったことを、次の「法華抄」としてまとめておきます。

法華抄

生《なま》のいのちは示されず　「是法不可示
言葉の相《すがた》以前ゆえ　言辞相寂滅」
（但し生《なま》のいのちを生きる当の本人、私としては）
どっちへどう転んでも　「十方仏土中
　御いのち真唯中
たった一つの御いのちのみ　唯有一乗法」
それで今私の出会う処は　「今此三界
皆これ　わがいのちの中味　皆是我有
出会う一つ一つは　其中衆生
　わがいのちの分身
悉《ことごと》く是れわが子　悉是吾子」
今の息を今息するように　「毎自作是念
自らこの念をなす

いかにこのわがいのちの
　中味一つ一つを
ゆきつく処へゆきついた
　在り方で
御いのちとして
　成就せしめようかと

以何令衆生
得入無上道
速成就仏身」

拈自己抄――前編（第十二回）

◆一生の生き方の語る言葉

以上釈尊以来、正伝《しょうでん》する坐禅という看点から、根本仏教、仏教教学史、『法華経』について概略摘要して申し上げてきました。それにしても『法華経』は釈尊が霊鷲山《りょうじゅせん》で説かれたものであるとは、この経のなかにいっているわけですが、今日では誰も歴史的釈尊が説かれた経だとは思ってておりません。では根本仏教では説かれていない「十方仏土中」「三界我有」の話などは仏法ではないのでしょうか。あるいは逆に「十方仏土中」「三界我有」の言葉こそが仏法であり、それを未だ説いておられぬ歴史上の釈尊は仏法としては不完全者であったのでしょうか。

その点、確かに釈尊の説かれた教えを結集したという『阿含経』ではどれをとってみても、個人的解脱の道のみであって、他に積極的に働きかけて生きる道が説かれてはおりません。それで釈尊の弟子たちはただ寂《しず》かな林のなかや、あるいは精舎《しょうじゃ》にあって、こうした釈尊の教えられた道を坐禅しつつ諦観《たいかん》し、個人的解脱することをもって修行者の生き方としたのでしょう。もちろん個人的に招待をうけて説法することはあったでしょうが、積極的に伝道して廻ることはしなかったのでないでしょうか。

このように大体、積極的に他に働きかけて生きることを教えぬ仏教は、もし他の地域であったなら、当然消滅していったでしょうが、インドという特別に宗教的敬虔な伝統ある地盤において、しかも釈尊という大人格が出現したということもあって、かえってこれが醸成《じょうせい》されつつ仏教教団は大きく拡がっていったのでした。そればかりではなく、大体が理屈っぽい性格のインド修行者たちは、敬虔な信者たちの供養を受けて生活しながら、僧伽《そうぎゃ》において阿毘達磨《あびだつま》と呼ばれる煩雑な論部もつくり出してゆきました。そして何百年の間には、その見解の相違から、沢山の部派にも分裂していったわけですが、しかしその間にも釈尊の教えられた「自己が自己に落ち着く坐禅」（自受用三昧《じじゅゆうざんまい》）だけは相承《そうじょう》されていったことは間違いありません。また釈尊の教えの中枢をなす縁起と中道の教えも、インドから中国へもわたりつつ、いろいろな形で論ぜられつつ繋がっていきました（仏教教学史では「縁起論系」とか「実相論系」とか呼ばれています）。

ところでこのように相続している間に、一方、紀元前後から、インド西北部ガンダーラ地方や、南インド、アンドラ地方では、遠く西方からやって来たギリシャ・ローマ文化と接触する時代を迎えます。このギリシャ・ローマ文化は、従来のインドが「自己が自己に落ち着く文化」であるのに対し、「他に働きかける生き甲斐の文化」でありました。

そういう今までとは全く違った異色の文化と接触するようになった社会状勢のなかにあって――そういえば釈尊の教えは個人的解脱の道であったわけだが、釈尊ご自身は自ら個人的解脱をされただけではなく、そのご一生をわれら衆生のために道を説かれつつ生きられたのではなかったか――この「他に向かって働かれつつ生きられた釈尊のご一生」を、われわれ一体どう受け取ったらいいのか。――このようなことが修行者の間にも、信者たちの間にも、当然問題として浮かび上がってきたのです。つまり「釈尊のご一生の生き方」は、釈尊の説かれた「個人的解脱の教え」のなかだけには入り切れぬものがあったという「問題の発見」です。

この問題を解くために、まず始めは、釈尊という方は特別のお方であって、既に前生から「菩提を求める人（本生のボサツ）」であり、特別の修行を積まれた方だったから、として受け取ったわけです。

次にその特別の修行とは、自分のためばかりではなく利他の誓願により、利他の実践行をすることだとしたわけですが、ではその利他の実践行とは何か。――それは従来の部派仏教時代には数えあげられていなかった布施行《ふせぎょう》、忍辱行《にんにくぎょう》を重点とする、六波羅蜜《ろくはらみつ》の行であったと、具体性をもって語られてゆきます。つまり釈尊はこの六波羅蜜行をずっと積んでこられ、初めて今世において仏陀になられたのだというのです。

ところでこのようにいわれてくると、それではわれわれも誓願をもち、この六波羅蜜行を修行する限りボサツであるはずだというわけで、ここに「願生《がんしょう》のボサツ」という思想も出来上がります。

さてここでまた繰り返していいますが、こうした仏教思想の推移経過の間にも、忘れてならぬことは、仏道修行者たちの間には、釈尊以来ずっと「自己が自己に落ち着く坐禅」（自受用三昧）が相伝しているという事実です。これこそは釈尊の初めから仏教において貫かれている根本姿勢であって、しかもそれは「行《ぎょう》の実物」として相承《そうじょう》してきています。但《ただ》しこの坐禅という行は、経律論の文献のように、記録としてアトを残しません。ただ人から人へ、修行者のなかに実修されつつ、実物として伝わってゆくだけです。

それ故もし後世の仏教史家がただ文献を渉猟《しょうりょう》するだけで仏教史の跡を辿《たど》り、この仏教思想推移の根底に坐禅が相続されているという事実を見落としたら――殊に歴史を文字として記録せぬインドという土地柄においては――仏教史の筋を本当に辿ることはできないのではないでしょうか。その点現在の仏教学者たちはただ現存する経律論などの文献だけをもって仏教史を論じているわけですが、それでは大乗仏教が仏教のなかに現われてくる必然性について本当に理解することはできないと思うのです。

これに対し先ず釈尊から正伝する自受用三昧（坐禅）を自ら修行しつつ、その看点からみてとれば、上に述べたような釈尊の口業《くごう》のコトバで教えられた個人的解脱の道だけでは解し切れぬ、釈尊のご一生の働きは理解されてくるでしょう。つまり釈尊のご一生の生き方で教えられたところが一体何であったか――それを今や文字としてはっきり言葉で表現するようになったのが、大乗仏教の展開であったということです。

そしてその場合、釈尊の根本教説である、自帰依《じきえ》法帰依及び縁起法や中道の教えはそのまま何の抵抗なく大乗仏教の教説に結びついてゆきます。つまり自己は単に個体的我としてあるのではなく、一切法との縁において初めてある自己です（縁起法）。そうしてみれば自己の出会う一切は、真実にはすべて自己の生きる中味内容として受け取らなければなりません（今此三界　皆是我有　其中衆生　悉是吾子）。それで本当の中道とは、刻々に展開する一切ぐるみである自己自身において中道を歩んでゆくことこそが、「よく調えられし自己」の生きるネライだということです。そしてその中道運転とは「毎自作是念　以何令衆生　得入無上道　速成就仏身」という誓願であるわけです。

そういう意味で大乗仏典である『法華経』は釈尊が直接説かれたものではなく、仏滅後数百年も経《た》ってから成立した経であるにしても、仏法そのものであるのであり、逆にこのような大乗経典を釈尊がご自身、口でお説きにならなかったとはいえ、釈尊が自らそれを実践してそのご一生を生きられたので、釈尊の教えが決して不充分であったとはいえません。釈尊が自らこのように

「他に働く生き方」を身をもってされながら、口業《くごう》のコトバで説かれなかったのは、たとえ口で説かれても、当時のインドの人たちには到底理解の範囲を超えていたからです。

その点われわれ人間はただ発声するコトバだけがモノをいうのではなく、また発声するコトバだけからモノを聞くのでもありません。例えばわれわれ世間的生活においてでも、着物や衣裳の演出でモノをいわせたり、金や肩書にモノをいわせたりもします。あるいは行動や態度でモノを聞くときもあり、その一生の生き方からモノを聞くときもあります。

いや人生の真実を語ろうとするのには、実はこの「一生の生き方の語るコトバ」こそが大切です。今日その辺の新興宗教の教祖たちなど、口では甚《はなは》だキレイな教えを説きながら、結局彼自身大きな財をかき集めたというようなことが多いわけですが、それでは彼の一生の生き方で説いたコトバとしては、実は単に利殖の道であり、一つの企業でしかなかったといわねばならないでしょう。こんなことは世間にありふれたことなので、直ぐ分かりますが——（いや分からない人も多いので新興宗教企業も成り立ち、また簇出《ぞくしゅつ》もするのでしょうが）——しかし釈尊のご一生の生き方で語られたコトバなどは、その辺に全く類例を見ぬ事実なので、それを一括して理解するコトバがまだ用意されてはおりませんでした。それで釈尊が「自己が自己に落ち着き、個人的解脱」をされながら、しかもその道を「他に向かって教える」ことをもって、自らの一生とされたということ——それが一体何故であり、また何であったか——それをつかむコトバが用意されるまでには、仏滅後数百年を経過せねばならなかったと考えれば、よく筋がワカルのでないでしょうか。

全く人間のコトバとは妙なものです。例えば円という概念一つでも、原始人類は朝夕の丸い太陽やあるいは満月を見るとき、その形が何か他のものとは違った特別の形であると、何となく思いながらも、それをもって円という名前でツカムまでには、何千年何万年という年数がかかったことでしょう。さらにこの太陽や月がどういう点で特別の形であるかを分別し、結局それが「中心から等距離の点の軌跡で囲まれたもの」という円の定義として考え出すに到るまでも、長い時間がかかったに違いありません。しかし、もしいったんこのような円の定義を知った後には、この円の定義を通していくらでも丸いものを識別することができますし、描いたり作ったりすることもできます。

釈尊がそのご一生の生き方をもって語られた内容について、これを「誓願と行《ぎょう》に生きるボサツの生き方」としてツカミ、またそこに釈尊を今までのような単に「覚者という意味の仏」としてだけではなく、「誓願行の成就者としての仏」という名でツカム過程もそれと同じように長い時間がかかったのだといっていいでしょう。なおこの誓願行の成就者としてツカマレた仏は、次には阿弥陀仏という別格の仏としても出現してゆきますが、これについてはまた後に申し上げてゆくでしょう。

　話は変わりますが、釈尊の場合に比べると、イエス様の場合ははるかに幸運（？）、順調だったというべきです。というのはイエス様が出現されたイスラエル民族のなかには早くから、メシヤ（油そそがれしもの、神より世を救う者として選ばれしもの）という概念が用意されてあり、その『旧約聖書』的伝統のなかに、イエス様ご自身が、「われはメシヤなり」と自覚され、そのご一生をメシヤという自覚に生きぬかれ、そのあげく十字架につけられました。しかしその十字架上の死において、またイエスの弟子たちはイエス様のご一生が何であったか――これこそ「十字架上に死し、復活するメシヤ」としてみたのでしたから。――このことについて以下申し上げてゆきたいと思うのですが、気分を新たにする意味において、以上をもって「拈自己抄」前編として一応話を結び、以下後編として出直すことにいたします。

後編

拈自己抄――後編（第一回）

◆宗教の根本問題

われわれは生物体の事実として、どこまでも「生きたい」という「切実な生存本能」をもって生きています。しかし同時に、これに反し必ず「死なねばならぬ」という「絶対事実」のもとにあります。これを今そういういのちを生きている当の本人「自己」の言葉としていえば、「生きたい」ということと、「死なねばならぬ」ということ、――さらに縮めていえば「生きたい、死なねばならぬ」――もうこうなると、まるで断末魔の叫びみたいなことになってしまうのですが、とにかくわれわれはこういう「いのち」を生きています。

植物や普通の動物などは、この「生存本能」と「死の絶対事実」という二つの事実を同時に並べては考えられないでしょうから問題はないようです。しかし人間はこの相反する事実を並べて考えることができるので、この二つの面をもつわれわれのいのち（人生）について、一体どう受け取ったらいいのか、問題とせざるを得ないのです。

私自身若い頃から、自分の人生について問題をもち、一生それを追求しながら現在に到ったのですが、ようやく最近になって、自分が一生にわたって問題にしてきている根本が何であるのか、初めてこのように「生存本能」と「死」という二つの絶対事実として、最も煮つめた形で、はっきりということができるようになりました。いってしまえば全く簡単当たり前のことであり、誰もこの二つの事実をもついのちを生きており、それ故誰がいっても不思議でないわけですが、しかし今までにこれだけ煮つめて、われわれのいのち、人生の根本問題について、言い切った人がいたでしょうか。

このように直截《ちょくせつ》的には人類史上全くいわれてきていないということは、それほどにわれわれはこの矛盾のいのちそのものを直視することが恐ろしいのです。たとえこのいのちの矛盾を、意識以上のところで感じながらも、しかし同時に「どうにもならぬ恐ろしさ」をも感ずるので、何となくこれを直視することを避けたい気持ちが働いて、それを言葉としてはっきり言い表わせないのです。

だから皆さん方のなかにも確かにそういわれてみれば、自分の内に何かもやもやとした形でもっているものがまさしく「生きたい」と「死なねばならぬ」の矛盾であったのだとお気づきになられる方も多いのでないでしょうか。

私の上の表現において、自己の人生の悩みとして特にいいたいところは、われわれ「必死になって生きたい」のに、「絶対死なねばならぬ」という切実な事実です。その辺のところ、いささか表現として物足りないのですが、とにかく仏教では古来から「生あるものは死す」「諸行は無常なり、無常なるものは苦なり」などといい、またキリスト教では「肉の念《おも》いは死なり」「身と霊魂とをゲヘナにて滅し得る者をおそれよ」などといういい方において、これを宗教の根本的な本質問題として取りあげているわけです。

これに反し、仏教、キリスト教以前ではこうしたわれわれのいのちの生死問題に、はっきりした問題意識をもたぬまま、しかしやはりわれわれのいのちの底に何か矛盾を感じつつ、人類は遥か太古より各民族それぞれさまざまな原始宗教を発生展開させてきたといっていいでしょう。

というのは、われわれの生存がいつも死という危機をその裏側にもてばこそ、そこに何か人の力以上のカミ（日本語でいえばカミシモの上《かみ》、神）への畏怖をもち、そしてこのカミに対して無事なる生存を祈願せざるを得ぬ気持ちをもっていたからです。またそのためには、ただ人間欲望のまま行動していいものではないとして、欲望の無制限的倨傲《きょごう》（おごり）を自制する意味で、さまざまな禁忌や禁戒を自らに課したりもしてきました。そして、そうした一連のわれわれ人間の精神生活が宗教と呼ばれるものを成立させていったのです。

現代では科学技術による生存文明が華やかに繰り広げられている時代なので、かえって現代人には昔のようなこうした宗教的関心が全く薄れてしまっているのはご承知の通りです。しかしこの「生存本能」と「死の絶対事実」という本質的矛盾は、それへの関心が薄れたからといって決して片付いたわけでないのはもちろんです。

その点、現代人にとってかつてのカミに取って代わっているのはコンピューターであるようです。ちょうど先日、ある大学でコンピューター学を講じておられる先生がみえたので、私はこの先生に、以上の問題、「生きたい」という事実と「死なねばならぬ」事実をもつ、この「いのち」について、われわれどう受け取ったらいいのか、もしコンピューターのご託宣を仰ぐなら、どういう答えが出てくるでしょうとお聞きしました。そうしたらこの先生のお答えは明解でした。「コンピューターは予《あらかじ》め人間がその答えを教えておけばこそ答えるのであって、その情報を入力していない問題については答えられない、コンピューターはそれ自身で考える能力は全くないのだ」ということでした。確かにそんなものでしょう。今の時代、コンピューターこそは万能であって、コンピューター時代にはカミは存在しなくていいのだと信じ切っている人たちも多いと思うので、念のため、コンピューターがわれわれの人生の根本問題解決のためには、何の役にも立たぬことだけははっきり申し上げておきます。

いやそれどころか現代人の場合は、ふだん可能な限りこの問題から目を逸《そ》らし、生存的高揚のなかにだけ漬《つ》かりこんで生きているので、いったん自分自身に死が迫ってくるときにはその分だけかえって大きな落差となって、それこそただ「生きたい、死なねばならぬ」という断末魔の叫びをあげながら死んでゆかねばならないのではないでしょうか。それはまるで屠所に引かれた豚が、最後の最後まで自らの死を知らず、目の前で屠殺された仲間の流す血をなめながら、いよいよ自分の番となって屠殺台に引かれてゆくときになり、初めて本能的に自分の死を知って、今の今までなめてきた仲間の血の匂いを自分の口辺に嗅ぎながら、必死に恐れおののき、なきわめきつつ殺されてゆくのにも似ています。

その点、物質的生存文明だけを異常に発達させ、自らの死の事実を切り捨てて全くかえりみず、真実の宗教を欠落させた今の時代は、人類史上最も歪《ゆが》んだ時代であり、この時代風潮のなかにだけ漬かりこんでいい気になっていれば、最後は惨《みじ》めなことになることだけは忘れるべきではありません。

そして現在いわゆる宗教をもっている人たちでも、ともするとこの宗教の根本問題からは、まことに外れやすいのであって、その点注意すべきです。例えば仏教やキリスト教内部の人たちでさえ、うっかりすればこの自らの人生の本質問題を見失って、くだらぬ枝末のことに力こぶを入れたり、あるいは自らの宗教活動をそのまま名利の場にしてうつつをぬかしていることが多いからです。われわれどこまでも、ただ「必死に生きたいのに、死なねばならぬ」このいのちから、見直し、見直し、宗教をただ自己の問題として出直してゆかねばならぬのだと思います。

ところで、このように自己自身の「死」を取りあげてくることが、われわれに宗教的関心をもたせる最大要因であることは事実ですが、宗教に生きるかどうか——そこに大きくわれわれの「生き方」の転回がもたらされます。いや大きくわれわれの生き方を転回させるものでなければ、本当の宗教とはいえないでしょう。

例えば自分の生死するいのちを考え、そこに何か人間的思い以上の大きな力に対し畏《おそ》れを感じつつ慎しむところがあって生きるのと、他方そんな生死するいのちを全く考えず、ただ生存上の人間我欲だけをもってすべてとし、倨傲に打算だけして生きるのとでは、一生を通じて当然大きな生き方の相違が生じてくるべきだからです。

しかしこの場合、そうした宗教を自らにもつかもたぬかにおいて生ずる相違は、決して今どきその辺の人たちが考えるような、祖先の誰かの霊を祀《まつ》っていないから、その霊が祟《たた》って不幸が次から次へとやって来るのだとか、あるいは交通事故に出会ったのだとか、というようなあざとい、事件的な話ではありません。かえってもっともっと深いところにある「生き方の根本的歪み」にかかわればこそ問題なのです。

その点、真実の宗教生活とは、一口にいって「ともすると生存だけの宙に浮き、歪んでしまいがちな自己のいのちを、いつも死の絶対事実から見直し、見直し、どこまでも生死ぐるみのいのちとして生きようという営み」として定義づけていいと思うのです。

ただこの「生死ぐるみのいのち」の真実追求のためには、われわれの一生はあまりにも短すぎます。というのはわれわれ一生のほとんどは生存するための日常生活の繰り返しだけで終わっています。それで、それこそ上にいったように、私自身何かもやもやしたものを内に感じながら、これを煮つめ煮つめて、結局生存本能をもつ事実と、死の事実という、二つの単純な事実からくるのだと、問題として纒《まと》めてくるまでに、私自身一生をかけてしまったくらい、自己自らのなかに一鍬掘り下げるということは容易ではないのです。

その点、この生死ぐるみの真実追求をしようとするなら、どうしても尊敬すべき古老たち、あるいは偉大な先人たちが伝えてきてくれている「生死についての智慧」を「教え」として謙虚に学びつつ、さらにその上また一鍬でも掘り下げ深めて後世に伝えてゆくという形をとらなければなりません。そこにおのずから宗教という「形態」が人類のなかに形成定着していったのです。

そんなことで、太古より地球上では各地域において様々な宗教を展開させてきているわけですが、今時分ではこれら宗教についてすべてをひっくるめて自己の外に置き、単なる人類の文化現象としてあたかも博物館の陳列品のように並べて見ることがふつうになっています。そしてそういう意味での人類の文化現象として宗教を定義し、それを研究対象としていろいろ比較したり研究したりする学問もあるわけです。あるいは自ら或る一つの宗教の信者として身を置き、その看点から宗教を定義づけ、他の宗教を批判的に位置づける学問などもあります。

これに対し、いま私としては、宗教を自己より外に置いてこれを客観的人文現象として見るのではなく、さりとて、あるいは唯《ただ》一つの宗派のなかに身を置くのでもなく、かえってどこまでも自己のいのち、人生追求のなかに宗教を取りあげてくること（拈ずる）をもって、「自己を取りあげる」（拈ずる）こととして受け取ります。そして「宗教はただ人が生き、そして死んでゆく、自己の人生の根本問題を追求する営み」として定義づけたいのです。

しかもそうすることによって、以下このような宗教の本質から見直しつつ、この宗教の本質問題にいまだ届いていない未熟な宗教は切り捨て、またこの宗教の本質から堕落した宗教態度をも選別しつつ、どこまでも宗教を純化しつつ、同時に純粋な宗教から謙虚に学んでゆく道を切り拓いてゆきたいと希《ねが》うものです。宗教は人間生命の真実追求である限り、どこまでもその純化への道に不放逸でなければ、たちまちその生命を失ってしまうものだからです。

拈自己抄——後編（第二回）

◆宗教以前と権威づけ

先には宗教という人類文化を、今の人たちのように、全く自己とはかかわりのない単なる博物館の陳列品として見るべきではなく、かえって宗教はどこまでもわれわれ自己の真実追求の歩みのなかにおいて見なければならぬということを申し上げました。その自己の真実追求とは、われわれ誰でも「切実な生存本能」をもって生きているわけですが、しかし同時にまた「必ず絶対に死なねばならぬ」という、矛盾的いのちを生きています。この矛盾のいのちを一体われわれ「どう受け取るか」ということこそが問題なのであって、これが宗教の本質問題でなければなりません。

大昔からの原始宗教は、人間以上の力「上、カミ、神」および宗教の名において、それこそ広く天文、地文、人文のあらゆる領域についてそれを追求し、そしてまた人々にそれを教え導いてきました。しかし今日ではそうしたあらゆる部門が独立し、それぞれ専門の各分野において研究が進められ、開拓され、発達してきています。例えば昔は今年の農作の豊穣を神に祈願してきたわけですが、今日では品種改良とか農業技術とか肥料・農薬の開発とか、すべて科学技術に委ねられるべき時代となっています。また病気でもその治療を神に祈ってきたわけですが、これも今では医学にまかせられるべきです。

そのようにして昔はすべて神、宗教の名においてなされてきたことが、今はそれぞれ各分野の専門部門に受け持たれるようになってきたわけですが、それにも拘《かか》わらずいまだに科学技術や学問で絶対に片付けることのできぬ人間の根本問題があります。それが上にいう「必死の生存本能」と「死の絶対事実」という、矛盾的いのちを、われわれがどう受け取るかの問題です。そしてこれだけが要するに宗教の根本問題なのです。

それなのにこの根本問題に全く触れることなしに、今の日本社会ではなお、病気なおしやら、幸運祈願やら、あるいは超能力、霊魂、死後の世界の有無などといっているのは、全く「現代という科学技術時代以前の話」であると同時に、全く「宗教以前の話」でしかないということは、よくよく常識として心得ておくべきです。しかし今日もなお、こんな「宗教以前の話」さえも、一般に宗教という名で呼ばれています。それというのは上にいう「必死の生存本能」と「死の絶対事実」の矛盾的いのちについて、人々は誰もそういういのちを生きていながら、これをはっきり正視することが恐ろしいのです。そしてこれをはっきり問題として提起せぬまま、しかしそこに何か不安を感じつつ、全く混沌感情において、それを「人間意識を超えた、カミの領域」として受け取っています。そしてその際ついでに「人間意識を超えていると思う領域」さえもひっくるめてカミの領域、宗教としてしまっているからです。

それで例えば思いを超えて身近に起こってくる幸、不幸、運、不運の問題など（――実はこれだけが生存呆けしている人たちにとっては最も重大関心事であるわけですが――）これは何か人力以上のカミによるものと考えたり、あるいは死後の世界の存在や、霊魂の存在との関連において考えます。例えば死んだ誰それの霊魂がとりついているので、このような不運不幸が続いて起こってくるのだなどと考える人が多いので、その需要に応じて大真面目にそれを説いて商売とする人間も出てくるわけです。

しかしこのように「思いを超えているカミ」と考えることは、既に「思いのなかのこと」でしかないのであって、本当に「思いを超えたこと、カミ」ではありません。例えばそうした死後の霊魂を語る霊能者もいずれ死んでゆくでしょうが、その霊能者の「死」は、そういう「死後の世界を語るアタマそのもの」が死んでゆくのです。つまりそういう「死後の世界の語り」と「霊能者自身の死」とは全く別ものです。

今日、日本社会はこの辺のところをはっきり分別することなしに霊能者の「死の語り」をそのまま「死後の世界」と思いこんで、単なる霊魂妄想の遊びを大真面目になって流行させているわけですが、それほどに今日の日本の大衆の宗教情操は低下、幼稚化してしまっているのです。こんな人間の根本的な生死《しょうじ》問題を問題とする以前――つまり宗教以前の話は、昔から邪教迷信と呼んできています。

私はこんな迷信邪教について、これ以上この「拈自己抄」において取りあげる（拈ずる）気にはなりません。ただ今どき日本の大衆の間で流行している、そういう「宗教なるもの」と、私が問題にしている宗教本質問題と、どう違うかについて、次の詞《し》（詩ではありません）において一応結着をつけておくことにいたします。

生死問題

火　火と口でいっても
舌は火傷せず
死後の世界を考えても
息は止まらず　生きており
所詮死後の霊魂というのは
あたまの思いの中の幻影

実際の人の死は
あたまで考えた死ではなし
却《かえ》って死後の霊魂を考える
その幻影ぐるみの人間が
実際に死ぬことなのだ」
だがもし怨みを買うような
ことをして人を死なせれば
その人の怨みはわが心に残る
この残映を亡き人の亡霊という
生きている人間にとって
この意味の亡霊は必ずやあり」
それに反し単なる遊びとして
霊魂の存在を云々している人が
実際に死ぬことは
あたかも火遊びしている人が
実物の熔鉱炉に

投げこまれるようなもの
遊びと実物を混同した幻影が
いまや無惨に引き裂かれる
も一つの幻覚に
脅えねばならぬだろう」
これらいずれもすべて
永劫流転輪廻の一齣《ひとこま》にすぎず
それより人生としての一大事は
必死の生存本能をもちながら
必ず死なねばならぬ絶対事実
この矛盾のいのちを自己として
一体どうするかという一事」

さて宗教以前の話はこれくらいにして、次にわれわれの生死問題につき真実を教えようとしている宗教の話に移ります。

ところで、そういう人間生死の真実を教える宗教は単なる個人的人生観とは異なり、その本質において多くの人たちに教え、どこまでも広くゆきわたらせようという誓願方向を内在していま す。一口にいえば仏陀とかイエスとかいう先人の生死についての智慧を、大衆のなかに布教教化 してゆこうという伝道とともにあるわけです。

ところがこのように広く大衆を信者として獲得しようとするとき、同時にそこには宗教そのも のがいのち奪《と》りになってしまうような陥穽《かんせい》（おとし穴）があります。というのは大衆に布教する ためには、自らを一つの権威的存在として身を固めることが何より捷径《しょうけい》（近道）であり、しかし 自ら権威的存在になることにより、宗教は自己から離れて堕落し、自らのいのちを失うことにな るからです。

大体、大衆は昔も今も何より権威の下に跪《ひざまず》くことを好みます。あたかも羊が群れるように大衆 は群れて、しかも自分たちを引っ張り廻してくれるような権威的存在を待ち望んでいるのです。 だから大衆を一挙に説得するためには、宗教はいかに自らを権威づけるかが強い誘惑であり、こ の強い誘惑の前にはもはや自己の生死の真実追求という本来の課題を早くに放り出して、宗教は 自らの権威づけに狂弄《きょうほん》することになってしまうのです。そしてそのことにより宗教は全く堕落し てしまいます。

いま思いつくままにこのような宗教の権威づけの仕方を並べてみますと（この点については真 実の宗教も迷信邪教企業も異なるところはありませんが）、

(一) まず立派な神殿や伽藍《がらん》、殿堂を建てること。今どきの「新興宗教企業」が先ず手をつけるのも、何より人目を驚かすような殿堂建築から始まり、その殿堂のなかにみごとな絵画彫刻美術品などをもって飾り立てることにより、大衆にアピールすることに努めます、仏教の昔からの言葉にも「信は荘厳《しょうごん》によって起こる」というのがありますが、これなどはまさしくその手の内を明かしたものといえましょう。

(二) 次にはそういう立派な神殿伽藍のなかで荘厳な儀式を行うこと。大体儀式とは「無内容の権威化」でしかありませんが、大衆をひきつけるためには甚《はなは》だ効果的ショーであることは間違いなく、太古から行じられてきたものです。

(三) さらにこうした伽藍や儀式の効果をひき立てるものは人的要素であり、カリスマ的演技のできる役者がその中心に据えられて、大衆的信者の讃仰《さんごう》の的となります。

(四) またこれを裏付ける教理的権威づけには秘密ということも効果的です。決してあけすけには語らず、これから奥は公開できぬ秘儀であり聖所であるとして、特別の人間でなければ許されぬというような結界《けっかい》の神秘性です。とにかくそこにおいて神秘的な何かがあるように、大衆に暗示をかけてしまうこと。

(五) また仏教などではサトリを権威づけるために、それに到るための沢山の段階や法数《ほっすう》を数え立てたり、あるいはサトリを厖大な形容詞をもって飾り立てることにより、いかにもそれを重々しくして見せます。

㈥　これに対しユダヤ教などでは何かを語るのに一々ユダヤ民族の歴史に絡ませて語ることにより、何千年の歴史的権威をもたせます。このような㈤㈥の場合には、それぞれインド人、ユダヤ人の語り口でもあるわけですが、その語り口をもってそのまま権威づけに役立てているともいえましょう。

以上は思いついた範囲で申し上げたわけですが、とにかくこうした宗教の権威づけは、確かに大衆伝道には役立つでしょうが、しかし同時にそれにより宗教は一番大切な「自己」から遠く離れたものとして受け取られるようになってしまいます。このことについてはまた次に申し上げます。

拈自己抄──後編（第三回）

◆宗教の堕落

上には宗教は権威づけにより沢山の大衆をひきつけるが、その反面、宗教は「生死する自己の人生の本質究明」という本来の問題からは全く離れてしまうという話を申しました。いや実は単にその本質問題から離れるだけではなく、かえって人類生活に弊害のみの面を際立たせてくるのだから問題です。

これも思いつくままに申し上げてみますと、

㈠　宗教はその権威づけのために、まず広大な神殿、伽藍、殿堂など建造するわけですが、そのためには莫大な労力や費用がかかります。しかし宗教そのものは別に物的生産をするわけではないので、それはそのまま莫大な消費でしかありません。その莫大な費用調達につき、もし寄付者と宗教との間に精神的な繋《つな》がりがなく、政府や宗門的権力をもって取りたてられるとなれば、これはもう全くの搾取でしかないといわねばならぬでしょう。

㈡　それに反し寄付者がその宗教の信者であるとすれば、そういう信者は自ら金を出すことにより、単なる信仰ではない或る特殊な愛着をもつようになるのが人情です。またより多くの金を出したものが、より深い信仰者であるかのごとく思う評価も出てきます。宗教を一つの企業と考える人たちは、その辺の人間心理を巧みに利用し、信者たちを競わせてより多くの金を集めます。また信者の方はより多くの金を出すことにより、本来の宗教とは関係のない偏頗《へんぱ》な宗派的愛着をもつに到ります。そしてついには宗教は信者を完全に催眠状態とし、理性的盲目にしてしまうのです。この時「宗教は阿片なり」が、正鵠《せいこく》を射た言葉となるでしょう。

㈢　先に挙げたユダヤ教のように民族歴史的権威をかかげる宗教となってくると、そこは何千年にもわたる民族間の確執の根元にもなってゆきます。例えば今日のイスラエルとアラブとの間でも、何千年もの歴史的怨恨《えんこん》を、子々孫々、学習しつついよいよ募らせているわけで、お互い宗教をもてばこその闘いといわねばなりません。それでイスラエルとアラブの確執闘争などは少なくとも自分たちの宗教を捨てない限り、地球の終わりがくるまでは続けるより外はないでしょう。

㈣　これに反しインド仏教における法数を数え立てるような権威づけはまだ無邪気なもので、宗教同士の戦争にまでは到りませんが、しかし一番大切な「人生の真実」の問題を、「自己」から遥か遠ざけて、十万億土向こうの話にしてしまいます。

その点、宗教はとにかく人間にとって一番大切な「自己の人生問題」から出発しているはずなのに、それを広く行きわたらせるために権威づけようとすることにより、かえってその根本問題をとうの昔に放り出して、それこそ手に負えぬ愚かなグループ呆け（宗派根性）の元凶巣窟に成り下がってしまっているのが現況であることは、既に皆さんご覧の通りです。

いや現在の日本では、宗教はこのようなグループ呆けの元凶巣窟となるが故に、一般公立の学校では宗教を教えてはならぬことになっています。しかし現在の日本のように、子どもの頃、宗教から遠ざけられてしまえば、人々の宗教性（自己の人生問題を考える力）はいよいよ低下し、結局口を開けば金、金、金としかいえない人間になってしまうわけです。しかもそれでも人生的不安は各人無いわけではないので、結局は今日みるごとき低級幼稚な迷信やオカルトぐらいなものに大真面目に引きずりこまれる程度となるのです。

しかもこのように若い頃から何の「人生的見通し」も考えたことのない人々が、今は高齢化時代で、みんな年老いてきているわけですが、結局はみな金、金、金、で生きてきたあげく、その「老い先」が真っ暗なことを感じているのでないでしょうか。それでせいぜい何とか身体が動ける間にと、呆け封じやポックリ寺詣りぐらいで誤魔化しているわけですが、そんなことはいざ本番というときには全く役立たぬことはもちろんです。

ある裕福な独り身の老人がいよいよ呆けてしまったので、遠い縁者が老人ホームへ送りこみ、その家の後始末をしたら、呆け封じ、ポックリ寺などのお札がダンボール箱何杯も出てきたという笑えぬ喜劇のような話を先日も聞きました。現代の日本人の宗教情操はそんなにも低く幼稚なバカげたものになっているわけです。これは従来の仏教者が真実の意味での宗教を日本人に吹きこんできていなかったのがその第一原因として挙げねばならないことはいうまでもありません。

それにしても上に述べたように、宗教は「自己の生死問題」を問うことだけが本質問題でなければならぬわけですが、しかしこれを自分一人で追求するにはわれわれの一生は、あまりにも短すぎます。仙厓《せんがい》和尚（義梵《ぎぼん》、一七五〇〜一八三七）の歌に、

世の中はなにに喩《たと》えん電《いかづち》の
露の命《いのち》と思う間《ま》もなし

というのがありますが、本当にわれわれにとって、われわれのいのちが全く無常であることを知る暇もないほど、われわれのいのちは短く無常なのです。それでこれはどうしても古来からの偉大な先人の智慧を謙虚に学び、ならってゆくことが大切です。しかしこの先人の教えの前に謙虚に跪《ひざまず》き、学び、信ずるということは、決して或る特定の権威の前に服従することとは本質的に違います。どこまでも自己の生死問題を真剣に問いつつ、そしてただこの一事に立ち帰りつつ、さらにただこの視点から純化しつつ、今までの宗教に学び、ならってゆくべきです。

昔の大衆は全く自覚するだけの知性をもたなかったので、ただ羊のごとく群れをなして、権威

の前に跪くだけでした。

しかし現代という時代が昔より進んだところは、とにかくマスコミのメディアが発達したので、一般の民衆が社会的訓練を受け、民主的社会自覚をもってきた点です。せっかく、社会的に民主的時代となってきたのですから、自己の人生問題を考える場合にも、ただ権威の前に屈服することはやめて、それこそ民主的精神をもって真実の自己に立ち帰ったところから出発したいものです。

ただここで繰り返して申し上げておかねばならぬことは、自己より外にいかなる権威をも立てぬということは、決して他を見下して傲岸《ごうがん》になるということではありません。かえってすべてを「自己のいのち」の内容として受け取り（「拈百草は拈自己なり、拈万木は拈自己なり」）、このすべてに対していよいよ謙虚に出会いつつ、「自己をならふ」ことです。

今までの封建時代の宗教は、この自己の謙虚さを教えんがために、宗教そのものを権威づけてきました。しかし、このように宗教が外部に向かって自らを権威づければ、かえって宗教自らが堕落しつつ、そしてグループ呆けの元凶巣窟となってゆくということは、今も述べた通りです。

これに対し宗教をどこまでも自己の内奥の問題として受け取り、ただ「自己に帰依せよ、法に帰依せよ、他に帰依することなかれ」の釈尊のお言葉に立ち帰ることのなかにのみ、宗教は純化してゆくことができるでしょう。そうです。「仏道をならふといふは、自己をならふ也」と道元禅師はいわれましたが、私としては今の時代として広く「宗教をならうというは、自己をならう也」といいたいのです。というのは今やわれわれの目の前にあるのは、日本に伝承してきた仏教だけがあるのではなく、同時に中近東および西欧社会が長い時代にわたって熟成させてきたキリスト教もあるのであって、（いやイスラム教やヒンドゥー教などもあるわけですが、そういう宗教にわたってまで学ぶためには私の一生は余りにも短すぎます。それでここではとりあえずキリスト教だけについていうわけですが）このキリスト教に対しても、同じくそういう看点から見直し、謙虚に学び、ならいたいと思うのです。

但しまた、ここで念のため申し上げておきますが、このように「自己に立ち帰り、他に帰依せぬ」ということは、例えば阿弥陀様を信じたり、イエス様を信じたりする、いわゆるの他力教は駄目というような、浅薄な話として受け取らないで下さい。というのは阿弥陀様もイエス様も、本来は実はいま私がいっている自己以外の話ではないのだからです。

というのは法蔵比丘《ほうぞうびく》の誓願は「汝自当知」（汝自らまさに知るべし）から出発したのであり、イエス様のいわれる神の国も「視《み》よ、神の国は汝らの内に在るなり」であり、「もはやわれ生くるにあらず、キリストわが内に在りて生くるなり」の自己であってこそ、真実の宗教としてのキリスト教なのですから（これらのことはだんだんに申し上げてゆくでしょう）。

とにかく今は地球上の各地域で花開いた宗教を、われわれは事実学ぶことができます。そのなかでわれわれの前に最も手近にあるのが仏教とキリスト教ですが、それらは、いずれもそれぞれの語り口があり、また権威づけによるそれぞれの堕落面もあります。そうした語り口の相違や堕落面など、ただいずれか一つの宗教のなかに身を置き、そのなかから見ている場合には分かりませんが、対照してみるとき初めてくっきりと、仏教、キリスト教それぞれの語り口も浮かび上がってきますし、またそれぞれ、どういう点がその権威づけによって堕落しているかの面も分かってきます。

それでそうすることによって、まず語り口は語り口として理解しつつ、また権威づけによる堕落は堕落として選《よ》り別けつつ、その奥にある、一番大事な人生についての智慧を掘り起こしつつ、誰でもない自己の人生の真実を一歩でも追求してゆきたく思うのです。一つの像も異なった角度から光をあてることにより、立体的に浮かび上がってきます。それと同じように、同じ一つの自己のいのちの真実について、仏教ではこのように語り、キリスト教ではまた他の異なった表現で語られてあることを知ると同時に、そのように異なって語られていいものこそが、自己のいのちの実物なのだということも分かってくるでしょう。そしてそこにこそ、いよいよ自己のいのちの真実に近づくこともできます。

宗教はどこまでも、いのちそのものなのであって、もし単に伝承の墨守のなかに停滞すれば、たちまちいのちを失ってしまいます。われわれの内に生きるべき宗教は、時代地域に応じ、常に新しい視野、新しい表現、そして常に一歩でも掘り起こして進む、開拓精神とともにあるものでなければなりません。

拈自己抄――後編（第四回）

◆一口 モーゼの宗教（一）

キリスト教は衆知のごとく、『旧約聖書』を中心とする宗教、つまりユダヤ教から生まれ出た宗教です。このキリスト教の母胎であるユダヤ教は、紀元前二千年頃（今からいえば四千年前）ユーフラテス河上流の東岸ハランの地から一族を引きつれて、西方パレスチナ地方へ移住した、イスラエルの父祖アブラハムから始まるヤハヴェ（エホバ）神崇拝の一神教です。『旧約聖書』は一口にいえば、人間がこのような純粋な神を忘れることにより、迷妄や悲惨に陥《おちい》るので、神はそういう破滅から人間を救うために、まずアブラハム及びその子孫たるイスラエル人を選び出して、祭司の国とし聖《きよ》き民とするという、神の計画を語る民族史書です。

しかし、この一神教が本当に具体的行為規範をもって形づけられたのは、紀元前一二〇〇年代に、当時エジプト帝国において奴隷のように扱われていたイスラエル民族を導き出したモーゼが、シナイ山頂で神と契約を結んだときからでした。モーゼはシナイ山頂にただ一人よじのぼり雷鳴や稲妻のなかで神と出会って、十戒を受け、この神との契約において、イスラエル人は歴史のなかで聖なる民としての彼らの使命を知るようになったのです。しかしこの十戒を受けるに先立ち、初めてモーゼが神と出会ったとき、モーゼは先ず「イスラエルの子孫《ひとびと》に『汝《おまえ》の出会う神はどういう神なのか』と問われたとき、私は何と答えたらいいでしょう」と神に質《たず》ねています。これに対し「神モーゼにいいたまいけるは『我は有りて在る者なり』。又、いいたまいけるは『汝かくイスラエルの子孫にいうべし。我有りという者（神）、我（モーゼ）をなんじら（イスラエルの子孫）に遣《つか》わしたまう』と」（『旧約』出三の一三、一四、括弧内、筆者註）とあります。

この『聖書』の言葉から見るとき、モーゼのいう神とは、アブラハムから引きついで当然「一なる神」であるわけですが、またその「一なる神」は同時に「有りて在る者」であったことが知られます。そしてこのような「一にして、有りて在る者」である神こそが、すべての人類から崇《あが》められ、尊ばれねばならぬ人力《じんりき》以上の上《カミ》（天にましますカミ）なのだということです。

このことはよくよく銘記すべきです。イスラエルの本来の神は、ふつう地球上の各地域に行われる民族宗教の神や、八百万《やおよろず》の神、あるいは呪術宗教の神などとは、全く異なるのであって、その故にこそ、その後の人類の歴史に重大な影響をもたらすことになるのです。

ところで、このように「一にして、しかも有りて在る者」、カミといえば、それこそ正しいものも正しからぬものも、善きものも善からぬものも、悪魔も不信者も、すべて創造し有らしめるのであって、このように何から何まで創造し在らしめるカミの究極的意志は一体何なのか、われわれには全く分かりません。それで、このことについて「カミの言《ことば》を預《あず》かるもの」（預言者）モーゼが受けたところは、十戒およびその他もろもろの戒律でした。そしてこのカミの戒を守ることのなかに義《ぎ》（正《ただ》し）とせられるということが、この時のカミとの契約であり、このカミの戒を万民に先立って守るべき「選ばれた民」としてイスラエルの子孫が挙げられたと、『旧約』出エジプト記には録されてあります。

「モーゼ登りて神に詣《いた》るにエホバ、山より彼を呼びて言いたまわく、汝かくヤコブの家に言い、イスラエルの子孫《ひとびと》に告ぐべし。……汝等もし善く我が言《ことば》を聴き、わが契約を守らば、汝等は諸《もろもろ》の民に愈《まさ》りてわが宝となるべし。全地はわが所有《もの》なればなり。汝等は我に対して祭司の国となり、聖《きよ》き民となるべし。是等の言語《ことば》を汝イスラエルの子孫に告ぐべし」（『旧約』出一九の三、五、六）

どうもわれわれ日本人としては契約（殊に神との契約など）という言葉に慣れてはいないので、何かしっくりしないものを感ずるわけですが、これはイスラエル人の語り口なのだとしてみれば、大体そのいうところは分かるでしょう。とにかくこれがイスラエルが自らを選民であると自負するに到る所以《ゆえん》です。それにしても、われわれの崇むべき（この上もなく価値あるものとして尊ぶべき）カミ（上）は、このような「一にして有りて在る者」でなければならぬとしたイスラエル人は、地球上初めて全く垢抜けした普遍的カミの受け取り方をした民族であった、といえるでしょう。「有りて在る者」とは、「有る限りの在るもの」「何から何まで」であるわけですが、これに対し、もし「何かとして在るもの」「或る何もの」としてしまえば、それはもはや「限定された個物、被造物」でしかありません。「有りて在る者」は、常に無限に創造してゆく力そのものでなければならないのであって、まさにそのような「創造する力」そのものとしてこそ、何ものにも超えて崇められるべき上《カミ》（神）でなければならないのです。

その点、『聖書』の記述ではあっても、例えば創世記の始めに出てくる「元始《はじめ》に神天地を創造《つくり》たまえり」から始まる、過去の一時点における天地創造の話などは、文学としては面白いものですが、本質的には既に単なる神話でしかなくなっているといえましょう。それは今日、ビッグバンから始まったという、自然科学者たちのいう宇宙創成の学説と同じく、単なるお噺《はなし》でしかありません。

というのは創世記神話の天動説は今日では地動説にとって代えられましたし、今の科学的宇宙観ビッグバンも、いずれ科学的概説が一つ変われば当然変わらなければならないからです。このように変わったり変わる可能性のあるものは、結局人間のアタマが考えたものでしかないのであって、このような人間のアタマで考えたところを絶対とすることは、被造物者、偶像を拝むことでしかありません。モーゼの語る、本当に崇められるべき上《カミ》は、このような人間的思いの変化によっては絶対左右されぬ、超絶した神でなければならないのでした。それなればこそ、モーゼの神は全く垢抜けした、人類が初めて出会った神であったといえるのですから。

このような神につき、それを仏教と対照してみるとき、そのカミの真の意味がより深くわれわれには理解できます。ふつうわれわれ日本人は神と並ぶものは仏と思っているわけですが、実はそうではありません。上にいったようなイスラエル人が万物を創造するカミと表現しているものを、仏教においていうとすれば「一心」こそがこれに当たります。

既に一口《ひとくち》仏教の話のところで述べましたが、仏教は自己から出発し、この「自己→自心→心→一心→一心一切法、一切法一心」とだんだんに表現が進んできています。そしてこのような自心、一心こそが「一にして有りて在る者」、カミに相応するコトバです。

というのは仏教でいう自己、自心、一心はすべての有る限りの在るもの（一切法）ですが、一方モーゼのいう「一にして有りて在る者、神」もこれを本質的に受け取れば決してこの自心を離れてあるのであってはなりません。もし主観と客観と分けた上で、天地創造がこの主観的自分から離れた向こう側の客観的世界において、過去の一時期において行われたという話なら、既に今の自然科学的見方と同じ見方なのであって、それなればこそ今日は天動説が地動説にとって代えられねばならぬことになったのです。そうではなく神の天地創造は今もなお、何より先ずこの自心と二つに分かれる以前の、いのちとして生々《なまなま》しく働いているとして受け取ればこそ、初めて宗教の話となります。それで『大乗起信論』では「所言法者、謂衆生心。是心則摂一切世間法出世間法」（言う所の法とは、衆生心を謂《い》う。是の心は則《すなわ》ち一切世間の法と出世間の法を摂す）といわれています。私がこの万法と分別される以前の「心《しん》」を「なまのいのち」と訓《よ》む所以はここにあります。

しかしこの「心《しん》」（生《なま》のいのち）は、あらゆるものを展開しながら、その展開されたあらゆるもの（被造物）を超えているので、われわれ人間の思いによっては絶対把捉《はそく》することはできません。このような心《しん》そのもの（心真如《しんしんにょ》）はあらゆる思いを超えていて、言《ことば》ではつかまえられないので、『法華経』では言辞相寂滅《ごんじそうじゃくめつ》といい、『起信論』では離言真如《りごんしんにょ》といいます。そしてこれをモーゼでは神というわけです。あらゆる人間から超絶しているからです。「神は天にいまし、汝は地におればなり」（伝道五の二）、つまりこれがイスラエル人の語り口なのです。

今このようにイスラエルの神と、仏教の心《しん》と対照してみることにより、イスラエルの語り口と、仏教の語り口の相違も浮かび上がってくるわけですが、同時にこのような異なる語り口によって語られてあるものが、一体この私にとって、どういうことなのであるかも知られてくるでしょう。万物が湧出《ゆうしゅつ》してくる力は、人間的思いから全く超絶している故に、人間から離れてある「天にまします創造主」としたのがイスラエルであり、しかしその超絶したカミの力はまさしく先ずこの自己の心《しん》において、じかに働いている故に「一心」としたのが仏教です。そしてこのようなユダヤ教の「神」と、仏教の「一心」とその両方向から光をあてて、この自己においてそれはどのようなものであるのか――これを「思いで煮たり焼いたりする以前の生《なま》のいのち」として表現したのが、私の語り口です。

その「生《なま》のいのち」とは実際として、どういうことか――既に繰り返しいってきているわけですが、煩を厭わずにいえば、

思いを手放し　眠《ね》ているときも
確かに呼吸しつつ生きていればこそ
いま醒《さ》めているときの自分意識もあるように
思いの届かぬところで　私は生きており
思いの届かぬところで　私は死んでゆく
この思いで煮たり焼いたりする以前《まえ》の
生《なま》のいのちの力こそ
何より大事にせねばならぬ神の御力《おんちから》

つまりカミの天地創造を、自分より外の向こう側で行われる、単なる自然界事実の話としてしまったら、もはや宗教の話ではありません。どこまでもこの私において、じかに直接的に行われている事実として受け取ればこそ宗教の話になります。しかし同時にまた、どこまでもこの私に

は知り能《あた》わぬ故に、ただ超絶したカミの力として在る事実を拝むばかりです。ところで、このようにみてくると、モーゼ十戒の第一戒である、

「汝我面《わがかお》の前に、我の外何物をも、神とすべからず」（『旧約』出二〇の三）

ということは、まさしく釈尊の教えられる、

「自らに帰依せよ、法に帰依せよ、他に帰依することなかれ」

の言葉と、そのいわれる内容が全く同じであることが知られるでしょう。われわれの最高価値（御本尊）として崇められ、尊ばれ、拝まれねばならぬところは、ただ「一にして有りて在る者」としての「自心、万法二つに分かれる以前の生《なま》のいのち」だけであって、決して宗派的権威という被造物的偶像（宗派根性）であってはならぬということです。

その点、仏教も、モーゼ十戒も、何より「自己（自心）と法（万法）と二つに分かれる以前」の「創造する力としての有りて在る者」を拝むべき（何より大事にすべき）であって、決して既に造られた被造物（自心と万物と分かれた以後）の何物にも価値を置いて行動してはならぬということが、第一に教えられてあるのは、決して偶然の一致ではないでしょう。

われわれ人間の生き方において最も根本的に大事なことは、ただこのことであり、仏教もモーゼの教えも、まずこれを根本出発点とした点において、その宗教がわれわれ人類の生き方に重大な意味をもってくるのです。

拈自己抄――後編（第五回）

◆一口 モーゼの宗教（二）

先にはモーゼが神から受けた十戒における第一戒について申し上げましたが、次の第二戒はこれです。

「汝の神エホバの名を妄《みだり》に口にあぐべからず。エホバはおのれの名を妄に口にあぐる者を罰《つみ》せではおかざるべし」

この第二戒について身近に思い出さざるを得ないのは、つい最近の湾岸戦争です。この戦争中アメリカのブッシュ大統領もイラクのフセイン大統領も妄《みだ》りにこの「有りて在る者」、神の名を用いて、いずれも自国の有利（ひいては各大統領の面子《メンツ》のため）を祈りました。これは全く神を畏れぬ大それた所業といわねばなりません。キリスト教もイスラム教も同じアブラハムの神から出ている宗教であるわけですが、いずれも神は罰したもうでありましょう。

その点、確かにこの自分において先ず最も直接的に生々《なまなま》しく働いて在りながら、しかしこの自分の思いには全く知ることのできない、「生のいのちの創造」について、ユダヤ教及びそれに続くキリスト教では「天にまします上《カミ》」と具象的に語ります。すべてを具体的象徴的に語るのが、ユダヤ教およびキリスト教の語り口なのです。このように語られることにより、われわれの拝む対象がまざまざとしてくるので、より多くの人々に拝まれます。しかしそのため、神の名で戦ったり、神の名で人を審《さば》くことなどがキリスト教圏ではどうも多発するようです。——十字軍とか魔女裁判とか。

これに対し仏教の語り口は論理的であるわけですが、これに重みをつけてゆきわたらせようとして厖大《ぼうだい》な形容詞的包装をもって飾り立てるので、かえって何が何だか分からぬものとなり、一《いっ》心《しん》の名によって戦いを始めるようなことはありませんが、ついでに誰も拝まなくなってしまっているか、あるいは拝んでいても何か呆《ぼ》やけたものを拝んでいるのでないでしょうか。これはどうしても、仏教の一心と、ユダヤ教（それに続くキリスト教）の神と対照しつつ、その両角度から、光をあてて、見直しつつ、真にわれわれの拝まねばならぬところ（御本尊）を学び、その本当に拝むべき上《カミ》に対して畏れをもって、絶対これを己用《こよう》し、汚すことがあってはなりません。

次の第三戒はこれです。

（第三戒）「安息日《あんそくにち》を憶《おぼ》えて、これを聖潔《きよく》すべし。六日の間、労《はたら》きて汝の一切《すべて》の業《わざ》を為すべし。

七日は汝の神エホバの安息なれば、何の業務《わざ》をも為すべからず。汝も、汝の息子《むすこ》、息女《むすめ》も、汝の僕婢《しもべしもめ》も、汝の家畜も、汝の門の中における他国《よそぐに》の人も然《しか》り。其《そ》はエホバ六日の中《うち》に天と地と海と、其等《それら》の中の一切《すべて》の物を作りて、第七日《なぬかめ》に息《やす》みたればなり。是をもてエホバ安息日《あんそくび》を祝いて聖日《せいじつ》としたもう」

この頃日本人は世界中の人から、「働き過ぎ」といわれて、ようやく労働せぬ時間をもつようになりました。しかし休みのときの過ごし方を知らぬため、これをもてあましている人が多いようです。しかしユダヤ教を始めキリスト教、イスラム教圏の人々の休みの本来の在り方は、この安息日、聖なる日から始まっています。毎度いうようにわれわれ人間は生存本能をもちながら、同時に死なねばならぬという絶対事実をもつ「いのち」を生きており、このような「いのち」をどう受け取ったらいいのかということから、宗教は始まっているのです。

われわれ生活のために働くということは、生存本能の一面からする働きであり、ただそれだけでは生き方そのものが歪んでしまいます。そこで神の天地創造さえも六日働かれたあげく、一日を休まれたという、そういう語り口をもって、ただ生存本能だけで働いてばかりいていいものではない、それだけでは「いのち」が歪んでしまう、一日はしずかに休んで、「自らが死ぬ」という「いのちを生きている事実」をしずかに凝視《みつ》めねばならぬと教えるのがこの第三戒です。

今の日本人のように全く自分が死ぬと思うことなしに、ただ生活だけのため、そしてそのための金、金、金、だけで働いて来て、休日といえばレジャーとか何とかいって娯楽、享楽だけのために時間を使い、その享楽のためにまた金、金、金、といっている次第です。でもそれでは、例えばあるとき突然「あなたは癌だ。あと三カ月のいのちだ」などといわれたら、一体どうしたらいいのか。途方に暮れるだけでしょう。あるいはもし長生きしたときにはもはや何の希望ももてぬ老いのときを迎えるより外はなく、あとはせめて呆けるより外はなくなってしまうのでないでしょうか。イギリスの豪華客船タイタニック号が氷山にぶつかって沈没してゆくとき、船内のすべての人々が一所に集まって「主よ御許《みもと》に近づかん」の讃美歌を唄いつつ沈んでいったといわれますが、ふだんからいざというとき、そういう「神の国に近づかん」と唄える宗教生活をしてきていた当時のキリスト教の人々を尊く思い、また羨ましく思います。今の日本のような時代なればこそ、いよいよこの安息日の戒の重大性が思われます。私たち、口を開けばいつも金、金、金というより外知らぬ心貧しさを全く恥ずかしく思うべきです。

（第四戒）「汝の父母を敬え。是《こ》は汝の神エホバの汝にたまう所の地に、汝の生命《いのち》の長からんためなり」

われわれ日本人は長く儒教的親孝行道徳の下に生きてきました。しかし敗戦後、この親孝行道徳は君に忠義の道徳とともに抹殺され、今は学校でも親に孝行せねばならぬとは教えなくなっているのではないでしょうか。そうして敗戦後半世紀経《た》った今日では、親を敬うとか大事にする気分など、全く子どもから消えてなくなりました。もちろんアナタのご家庭では父母を敬う気風を育てておいでのおつもりと思いますが、しかし今の日本社会全体として父母を敬う気風が全くなくなってしまっているのですから、アナタのお子さんだけが特別に父母を敬うように育たれるという例外は先ずあり得ないのでないでしょうか。

そうしてみればワタシみたいにアタマがヨクテ打算的な人間は、もはやこれからの時代、一生あくせく働いて子産み子育てしても、何のメリットもないのだということに早くから気づき、誰がコドモなんかつくるものかと思っています。いや私ばかりではなく、いくら日本人がお人好しでも、いずれ今後はだんだんそう思う人が多くなってくることに間違いないと思います。そうなれば、もはや日本人口は減少してゆき、やがては日本国は成り立たなくなるでしょう。

もし「汝の神エホバの汝にたまう所の地に、汝の生命《いのち》の長からんため」には、単にアナタご一家だけが父母を敬う気風をもとうとするだけでなく、どうしても、社会全体として、父母を敬う気風を育てるのでなければなりません。また、父母を敬うとは父母から学ぼうとする気分でもあるわけですが、今日のように子どもが父母から全く学ぼうという心がなければ、確かに金や物や、コンピューター的知識などは、古い世代より若い世代の方《ほう》が積み上がってゆくでしょうが、大切なココロそのものは伝わらないのですから、世代交替を重ねるにつれ心はいよいよ貧困になり、どうせ幼稚、野卑、野蛮にかえってゆくだけです。ここ四、五十年だけを見ても日本社会の人のココロはいよいよ低下退廃しているのは事実ですが、今後もこのままではいよいよ荒《すさ》み、下品となってゆくばかりでしょう。この第四戒の重大性もよく思うべきです。

第五戒以下をまとめて挙げますと、

（第五戒）「汝殺すなかれ」
（第六戒）「汝姦淫《かんいん》するなかれ」
（第七戒）「汝盗むなかれ」
（第八戒）「汝その隣《となり》人に対して虚妄《いつわり》の証拠《あかし》をたつるなかれ」
（第九戒）「汝他人《ひと》の妻を濫《みだり》に恋うるなかれ」
（第十戒）「汝他人の所有物《もちもの》を濫に望むなかれ」

（『旧約聖書』では第九、第十は一緒に書かれていますが、今は公教要理に従って二つに分けて挙げました）

これらはまさしく仏教における在家人の五戒――不殺生戒《ふせっしょうかい》（モーゼ十戒における第五戒）、不《ふ》偸盗戒《ちゅうとう》（第七戒と第十戒）、不邪淫戒《ふじゃいん》（第六戒と第九戒）、不妄語戒《ふもうご》（第八戒）に相当します（仏教の五戒ではこれに不飲酒戒《ふおんじゅ》が加わります。仏教の不飲酒戒は、アタマが呆けるようなものを摂取しないという戒です）。

それにしてもモーゼの十戒は神との契約といういい方がされており、われわれ契約というコトバに慣れてない日本人としては何かシックリしない気がするわけですが、いわれている内容としては、仏教の在家人の五戒と全く等しく、結局それは「われわれ人間的いのちの本然の在り方」としての「行為規範」が示されているのだということが分かります。

　そしてこのように洋の東西を問わず、昔からの偉大な人が同じく教える智慧を、今の時代のように全く破棄して顧みないでいいものかどうか、よく思うべきです。とにかく今の日本人ときたら、この「自己のいのちの本然の在り方」としての行為規範など全く無視して「せいぜい法律に触れぬ行為さえしていれば上出来」、いや「たとい法律に触れる行為でも見付かりさえしなければ立派なもの」「たとい見付かってもそれをもみ消す人間は、さらに立派な実力者」ぐらいのつもりで行動している人が多いのはご承知の通りです。しかし、われわれ結局「自分を生きるものは自分以外にはなく、向上するのも自分もち、堕落するのも自分もち」であることは、絶対間違いないのですから、どこまでも「自己のいのちの本然、究極の在り方」としてのこの戒に照らしながら行動することに努めたいものです。

　さて『旧約聖書』出エジプト記、およびレビ記、申命記《しんめいき》には、なおこの十戒に続き「是《これ》は汝モーゼが民の前に立つべき律例《おきて》なり」として当時のイスラエルの人々の生活に即して、行うべき条項が沢山述べてあります。つまりモーゼが神の名において制定した生活規範の規則誡《いまし》めとでもいうべきでしょうか。そしてこれらの律法はすべて、「神から選ばれた祭司《さいし》の国、聖《きよ》き民としてのイスラエル」にふさわしくあるためのノルマでありました。しかしイスラエルの人々はこのノルマを守ることのなかに、かえってせっかく普遍的なカミを拝みながら、この神をいつしか地方色豊かな「民族信仰のカミ」に堕落させてゆきました。

そしてこのいわゆるユダヤ教という「民族宗教」を熱心に信仰することにより、イスラエル人は、その後の世界歴史経過のなかに、民族的孤児になってしまったのだとみられないでしょうか。

このようにせっかく普遍的カミから出発していながら、いつしか神を単なる地方的な民族神にしていってしまった『旧約聖書』地盤から、さらに出直し、このカミを自己内奥の絶対神として純化しつつ、自らメシヤ的自覚をもって立ち上がられたのがイエス様の新約の宗教です。これについては次に申し上げてゆきます。

拈自己抄——後編（第六回）

◆拈自己としてのキリスト教

私は仏教僧であり、また一生仏弟子であることを願いつつ、しかもこれを有難いと思っている人間です。しかしキリスト教についても私はまた、単なる外部的研究者としてではなく、謙虚な一信徒としてその教えを学び、信じているのであって、それ故私は釈尊と敬称をもって呼ぶごとく、以下イエス様と敬称をもって呼ばせていただくことをご了承下さい。

私がこのように仏教に対してもキリスト教に対しても、自らを一信徒として身を置く所以《ゆえん》は、仏教もキリスト教も同じく自己の深さを教えてくれる宗教だからです。既に前編において「仏道をならふといふは、自己をならふ也」という道元禅師のお言葉を拠り処として、いろいろに現われた各時代の仏教を、いずれも自己の修行の看点から見てきたわけですが、以下キリスト教についても「キリスト教をならふといふは、自己をならふ」として申し上げてみたいのです。それというのも神の前に立つのは、決して「人間一般」でも「われら」でもなく、ただ「自己」なのです。またキリスト教の究極は「もはやわれ生くるにあらず、キリストわが内に在りて生くるなり」なのであって、結局自己以外にはないからです。

いや究極の「キリストわが内に在りて生くるなり」ばかりではありません。先にもモーゼの神のところでもいいましたが、始めの神の天地創造さえも、過去の一時期、神がこの世を創造し終わったという過去完了形の話なら、もはや宗教の話ではありません。刻々いま現在形であってこそ初めて宗教の話になるのです。真実宗教として、神の天地創造は刻々いまこの私において行われていればこそ「有りて在る者、神」なのです。例えば今日、人間がコンピューターをつくった、ロケットを飛ばせたという、その人間能力の一々の根底には間違いなく「有りて在る者、神」の創造が事実行われればこそあり得るのです。「二羽の雀は一銭にて売るにあらずや。されど神の許しなくば、その一羽も地に落つることなからん」なのですから。

そしてこの神の天地創造が、誰よりも、そして何よりも、自己――「この私」において直接働いていることを、「この私」がまた、じかに知ることこそが、宗教の根本です。繰り返していいますが、

思いを手放し　眠《ね》ているときも
確かに呼吸しつつ生きていればこそ

いま醒《さ》めているときの自分意識もあるように
思いの届かぬところで　私は生きており
思いの届かぬところで　私は死んでゆく
この思いで煮たり焼いたりする以前《まえ》の
生《なま》のいのちの力こそ
何より大事にせねばならぬ神の御力《おんちから》

いや、このことを気づこうと気づくまいと、あるいは信じようと、信じまいとに拘《かか》わらず、誰でも彼でも人間意識をもつ人間としては、確かにこのような「自己」を生きているのです。普通の世間話はいつも人間という一般類概念から始めます。これに対し宗教の話はそのような被造物「人間一般」の話ではなく、いま事実この自己に働く「生《なま》のいのち」をふりかえる深さから始まるのです。

だから確かに神に背くのも、この私であるわけですが、しかし神の国も実はこの自己の内にこそなければなりません。「視よ、神の国は汝らの内に在るなり」であり、「キリストわが内に在りて生くるなり」の「わが内」がそれです。

つまりキリスト教も、ただ自己の問題として受け取ればこそ宗教として血となり肉となってくるのです。そうしてみれば、仏教かキリスト教か――いずれかでなければならぬという、自己より外にある権威としての宗教に対して二者択一せねばならぬという世間的発想は、始めから自己に働く「有りて在る者、神」に帰依せず、かえって自己以外の被造物でしかない他者に、「仏教」とか「キリスト教」とかという「宗派的権威」をもたせて、これを拝んでいるのでしかないでしょう。これを偶像崇拝といいます。つまりそれは「自らに帰依せよ、法に帰依せよ、他に帰依することなかれ」といわれた釈尊のお教えにも、そしてまた「『有りて在る者、神』以外に、何ものをも神として拝むべからず」という十戒の第一戒にも背くものです。

いま私はどこまでも「拈百草は拈自己なり、拈万木は拈自己なり」といわれる道元禅師のお言葉に従って、この『拈自己抄』を書いているわけですが、これを読んで下さる方々も私とともに、自己をこのような自己として受け取られつつ、「キリスト教をならふといふは、自己をならふ也」のお気持ちで読んでいただくことを願います。

ところで先に宗教は外部に向かって権威づけようとするところに堕落し、それに反し「自己の内奥のいのち」に立ち帰ることにより純化するといったのでしたが、ユダヤ教地盤で育たれたイエス様が、ユダヤ教を超えてキリスト教を開かれたのも（いや別にイエス様ご自身がキリスト教を開くおつもりはなかったでしょうが）まさしくただユダヤ教を純化するお心でなされたことでした。

「われ律法《おきて》また預言者を毀《こぼ》つために来《きた》れりと思うな。毀たんとして来らず、反《かえ》って成就せん為なり。誠に汝らに告ぐ、天地の過ぎ往《ゆ》かぬうちに、律法の一点一画も廃《すた》ることなく、悉《ことごと》く

全《まっと》うせらるべし」（マタイ五の一七、一八）

それというのもイエス様は幼い頃から『聖書』（旧約）を読まれて、いつしか自らがメシアであるという使命意識をもたれました。ヘブライ語で「メシア」（ギリシャ語訳ではキリスト）とは、「油注がれし者」という意味で、初め大祭司や王の地位につく者が、油を注がれることから大祭司や王の意味でしたが、イエス様の当時には「約束された救い主」の意味になっておりました。

イエス様がこのような『旧約聖書』地盤のなかにあって、当初から自らメシアであるという意識をもって出発されたことは、先にもちょっと触れましたが、釈尊とは逆コースであったということができましょう。釈尊の場合は、専《もっぱ》ら「自己が自己に落ち着く」菩提涅槃の道を悟られ、この教えを説かれつつ遊行《ゆぎょう》された、衆生教化《きょうけ》のご一生でありました。それで釈尊当時の弟子たちは、釈尊のお教え通り先ずみなこの「自己が自己に落ち着く」菩提涅槃の道を修行してきたわけですが、やがてそれでは釈尊ご自身の「教化」という「他に働きつつ生きられたご一生は何であったか」が問題となってきたのです。そしてようやく釈尊は、「誓願と行に生きるボサツの完成者」としての「仏」なのだと理解し直すことによって、大乗仏教を展開させたのだとは、先に述べたごとくです。

そういう意味でイエス様とお釈迦様は逆コースであるとみられるわけですが、しかしこのイエス様とて順調にメシアたり得たのではありません。というのはイエス様は『旧約聖書』を通しメシアたる自覚をもたれたわけですが、それは当時のイスラエルの人々が思い描いていた「来《きた》るべきメシア」ではありませんでした。当時のイスラエル人の描くメシアは、イスラエルを導いて再びダビデの国の栄光を回復させてくれるような民族的英雄としてのメシアであり、超自然的奇蹟の力をもつ超人でありました。

つまりこのような勝手なメシア像を掲げつつ、これがいずれわれらに神が降される救世主《メシア》として権威づけたので、既に国を失って久しいイスラエル人をなお、一民族として結集し、まとめてきたのです。しかしそのことにより同時に、もはや神を「有りて在る者」という普遍的神から引きずりおろして、全く地方的な民族宗教の神にしてしまっていたわけです。それに対してイエス様が自覚されたメシアは、どこまでも純粋な自己内奥に輝く、真の宗教的意味のメシアでした。

そのことについて、われわれは共観福音書の処々で知ることができるわけですが、まず次の一事だけでも、イエス様のメシア自覚が、『旧約聖書』から、全く自己内奥の深さとしての、メシアの意味を汲みとられていたことが伺えるでしょう。まずイエス様は四十日荒野でさまざまな悪魔からの試みを克服せられ、それからガリラヤにゆき、あちこちの会堂で教えられ、だんだん人々から崇められるようになりました。

次いで故郷のナザレにゆかれて、安息日に常のように会堂に赴かれ、『聖書』を朗読しようとお立ちになったとき、イザヤ書が手渡されました。イエス様はこのイザヤ書のなかの「主の御霊《みたま》われに在《いま》す。これ我に油を注ぎて貧しき者に福音を宣《の》べしめ、我を遣《つか》わして囚人《めしうど》に赦《ゆる》しを得ることと、盲人《めしい》に見ゆる事とを告げしめ、圧《おさ》えらるる者を放ちて自由を与えしめ、主の喜ばしき年を宣伝《のべつた》えしめ給うなり」の文言を読まれ、会堂に居る人々に、「この聖書は今日なんじらの耳に成就したり」といわれたとあります（ルカ四の一八―二一）。これこそイエス様のメシア意識を語る象徴的記述といえましょう。

つまりイエス様のメシア意識は、民族的英雄として上から統《す》べる権力ではなく、かえって人々の内奥にある信仰をひき出すことにより、この世を救う、より純化されたメシアだったのです。「汝らの中《うち》に大《おお》いならんと思う者は、汝らの役者《えきしゃ》（使役される人）となり、首《かしら》たらんと思う者は汝らの僕《しもべ》となるべし。斯《か》くのごとく人の子の来れるも、事《つか》えらるる為にあらず、反って事うることをなし、またおおくの人の拯贖《あがない》として己《おの》が生命《いのち》を与えん為なり」（マタイ二〇の二六―二八）

――イエス様が『旧約聖書』から感得されたメシア意識はこれでした。どこまでも神の僕《しもべ》であり、世の罪を負う神の羔《こひつじ》でありました。

ところが当時のイスラエルの人々は上にいったように、既に本来の「有りて在る者、神」をとっくに地方色豊かなおのが民族神に置き換えてしまっており、その神からイスラエル民族を特に輝かすような民族的英雄として降されるメシア（救世主）を待ち望んでいました。そしてパリサイ人と呼ばれる民族主義者たちに代表されるイスラエルの人々は、イエス様が彼らの期待する民族的英雄ではなかったので、イエス様を神を瀆《ケガ》す人間として憎み、告発して、ついに十字架にかけて殺すに到ったのです。

しかしイエス様は十字架上に死することによりかえって「最後《いやはて》の敵なる死もまた亡ぼして」（コリント前一五の二六）、永遠の生命に復活《よみがえ》られました。そしてこの復活を見て、弟子たちはまた、まさしくイエス様がメシアたることを見たのでした。そうです。この際、死人が復活《よみがえ》るものかと考えるとすれば、それこそそれは肉の念《おも》いでしかありません。いま宗教として大切なのは、この肉の念いをモノサシとして見るのではなく、この肉の念いを悔い改めて、見直すことなのです。

「然《さ》れど人あるいは言わん、死人いかにして甦《よみが》えるべきか、如何なる体《たい》をもて来《きた》るべきかと。愚《おろか》なる者よ。なんじの播《ま》く所のもの先ず死なずば生きず。また、その播く所のものは後に成るべき体《たい》を播くにあらず、麦にても、他の穀《こく》にても、ただ種粒《たねつぶ》のみ。然《しか》るに神は御意《みこころ》に随いて之《これ》に体を予《あた》え、おのおのの種にその体を予えたもう」（コリント前一五の三五―三八）

「凡《すべ》ての肉、おなじ肉にあらず、人の肉あり、獣《けもの》の肉あり、鳥の肉あり、魚の肉あり。天上の体あり、地上の体あり」（同一五の三九、四〇）

「死人の復活《よみがえり》もまた斯《かく》の如し。朽《く》つる物にて播かれ、朽ちぬものに甦えらせられ、卑しき物にて播かれ、光栄あるものに甦えらせられ、弱きものにて播かれ、強きものに甦えらせられ、

血気の体にて播かれ、霊の体に甦えらせられん。血気の体ある如く、また霊の体あり」（同一五の四二―四四）

引用が大変長くなりましたが、この辺《あたり》の聖書の言葉は、まことに「世間的な目で見る世界」と「宗教の目で見る世界」とではガラリと違うことを、まことに具象的によくいわれているでしょう。これは道元禅師のお言葉をもっていえば「坐の尽界《じんかい》と余の尽界と、はるかにことなり。この道理をあきらめて、仏祖の発心《ほっしん》修行菩提涅槃を弁肯《べんこう》するなり」（三昧王三昧）が相当します。そうです。われわれはあまりにも「肉の念い」（余の尽界）一つだけをすべてのモノサシとして見ればこそ、死して復活する事実が見えないのです。

しかし肉にもいろいろあり、体にもいろいろあるべきです。道元禅師も「地はかならずしも土《ど》にあらず、土かならずしも地にあらず。土地もあるべし、心地もあるべし、宝地もあるべし。万《ばん》般《ぱん》なりといふとも、地なかるべからず、空《くう》を地とせる世界もあるべきなり」（身心学道）などとよくいわれます。してみれば、肉という種《たね》にて播かれ、霊（神のいのち）という体として復活することは必ずあることです。ただ肉の念いには見えないだけです。霊の念い（坐の尽界）では、はっきり見える事実です。

「されば今より後、われ肉によりて人を知るまじ。曽《かつ》て肉によりてキリストを知りしが、今より後は斯《かく》の如くに知ることをせじ」（コリント後五の一六）

――まさにこれこそ、われわれの信仰の決定的言葉です。その点私自身、一生を仏教で生きて来、今ももちろん仏弟子であることに間違いありませんが、しかし、むしろ仏教において感得した目で見ればこそ、イエス様の十字架を信じ、復活を信じます。そんな私に対し「怪《け》しからぬ」という、仏教側の人もあり、キリスト教側の人もあるわけですが、それはその人たちが、宗派的に固定した仏教、キリスト教を考える偶像崇拝の人だからです。またはアレカ、コレカ、あるいは0《ゼロ》か1《イチ》かだけのコンピューター的発想しかできない人だからです。

いま最もわれわれが見失ってはならぬ一事は、「一である神」でありながら「有りて在る者」である神であり、「一心一切法、一切法一心」である「自心」でなければなりません。

私が敢えて仏教と同じくキリスト教も信ずると語るのは、真実宗教として大事なことは、そんな世間的宗派根性や今どきのコンピューター的発想を遥かに超えていることを示したいからです。「生をも滅をも滅し已《お》わって」、久遠《くおん》の寂滅に入られた釈尊と、「最後《いやはて》の死もまた亡ぼして」永遠の生命に復活されたイエス様とは、まさにそんな0《ゼロ》か1《イチ》かのコンピューターで処理されるような世間的出来事ではありません。かえって $1=\frac{1}{1}=\frac{2}{2}=\cdots\cdots=\frac{一切}{一切}=$0《ゼロ》 という、それこそ人間的分別を遥かに超えた坐の尽界、神の世界であり、それはただ肉の念いを悔い改め、悔い改めるなかに初めて近づく世界です。

それは生と滅を超えていますから、「永遠の生命」といい「久遠の寂滅」といっても全く同じであり、そしてこれだけがわれわれの生死を超える、聖霊によって開かれる目です。このような目は損か得か、あるいは0か1か、だけを分別する肉の念いを手放し手放し、悔い改めてゆくなかに近づいてゆくことができるでしょう。

とにかくいま私の語りたいところは宗派の話ではなく、宗教の話なのですが、仏教もキリスト教も、本来は決して宗派的教団ではなく、宗教であることを呆《ぼ》けさせてはなりません。私はただ自己内奥に純化させてゆくなかにおいて、そういう本来の宗教に到る道を切り拓いてゆきたいと願っているのです。

拈自己抄――後編（第七回）

◆二つでない一である神（一）

さらに進んでキリスト教の話を申し上げてゆきますが、しかし私はここでキリスト教教理の講義をしようというのでも、またキリスト教的お説教を書こうとしているのでもありません。私はどこまでも一個の求道者として、前編において仏教をただ自己のいのちの問題として取りあげたのと同じく、キリスト教もただ自己のいのちの問題として取りあげたいのです。そして、そのようにすることにより仏教・キリスト教それぞれの角度、それぞれの語り口で語られてある、その底に潜む「自己のいのち」を、少しでも立体的にまざまざと、自己自身のいのちのために浮彫りにしたいのです。これを読まれる皆さんも、そんな私に暫《しばら》くお付き合いいただいて、仏教・キリスト教を自己より外部にある権威的宗教とはせず、ただ自己自身の問題としてみて下さることを願います。

さて先にも述べたように、キリスト教の神は、ユダヤ教のアブラハムの「一なる神」、モーゼの「有りて在る者である神」を継承しています。

しかしこの「一にして、有りて在る者である神」の天地創造の力は、決して過去の一時期に行われたという、既に博物館入りしてしまった話であるべきではなく、どこまでも「今」そして誰でもなく先ずこの「自己」において直接働いている力として受け取らなければなりません。そうあってこそ初めて「宗教」の話になるのです。

このことについては、先に「一にして有りて在る者」である神を、仏教の「一心一切法、一切法一心」から光をあてて申し上げたことでした。そしてこのような「カミの力《ちから》」（人間的思い以上の力）を、私は一口《ひとくち》にいって「思いで煮たり焼いたりする以前の生のいのち」というのです。

例の、

思いを手放し　眠《ね》ているときも
確かに呼吸しつつ生きていればこそ
いま醒《さ》めているときの自分意識もあるように
思いの届かぬところで　私は生きており
思いの届かぬところで　私は死んでゆく
この思いで煮たり焼いたりする以前《まえ》の

生《なま》のいのちの力こそ
　何より大事にせねばならぬ神の御力《おんちから》

は、このような「生《なま》のいのち」を身近に私自身において発見する仕方です。

　この反省のなかにわれわれ生死の根源には、確かに思いで煮たり焼いたりする以前の生《なま》のいのちの力が働いていることが知られます。しかし、たとえそれが知られても、絶対にそれと直接に出会うことはできません。というのは、われわれ人間はコトバをもつ理性者であり、すべてを分かろうとするわけですが、しかしそういう「分別するアタマぐるみの自己」の底に、既に働いているのが生《なま》のいのちであり、カミ（人間の分別以上）の力であって、これはわれわれの「思いの届かぬ力」なのです。それでこの神の力、生《なま》のいのちは、決して単なるコンピューターで処理されるような平面的事実ではなく、かえってどこまでも限りなく深められてゆかねばならぬ、自己の深さの問題であることが知られるだけです。

　さてこの「生《なま》のいのち」について、仏教では一切分別以前という意味において、「不二《ふに》」（『維摩経』『無量義経』など）と表現するに到ったことは既に前編において申し上げたごとくです。「二」とは「思う力（能《のう》）」と「思われる表象《もの》（所《しょ》）」との二つ。あるいは分別したアレとコレの二つです。不二とはこの二つに分かれ、あるいは分けて分別する根底に働く力をいうものです。

　この「不二」の力は思いを超えているので、仏教における『法華経』では「言辞相寂滅《ごんじそうじゃくめつ》」といい、『大乗起信論』では「離言真如《りごんしんにょ》」などと、否定的消極的に語ります。

これに対しユダヤ教やキリスト教では「天に在《ましま》す神」として、人間的思い以上の力であることを積極的具象的に語りつつ、この神に対し人間自らは「地上にある被造物」として身を置きます。つまりこのように具象的に語ることにより、この自分が生きている、その「生きる力」が、自分を遥かに超絶した「人力以上の上《カミ》」によるものであることが、私にまざまざ知られるわけです。

これに対し不二の力を「言辞相寂滅（言葉ではいえない）」と語る仏教では、あたかも無言の行をしているときに「自分はいま無言だ」と発言するようなもので、それ自身矛盾するばかりでなく、それ以上一歩も先には進まなくなってしまいます。それでこの「不二の生《なま》のいのちを生きる当の本人」として身を置き、「十方仏土中《じっぽうぶつどちゅう》、唯有一乗法《ゆいういちじょうほう》」といい替え、実大乗の豊かな世界を切り拓いたのが『法華経』であったとは、これも先の一口《ひとくち》法華経のところで申し上げました。この「十方仏土中」に相当する聖書の言葉としてはパウロの「我ら神の中に生き、動き亦《また》在《あ》るなり」が挙げられます。このパウロの言葉も神の力のなかに生きる「当の本人的言葉」であることはいうまでもありません。

しかし実際におけるユダヤ教やキリスト教の教理的言葉としては、今いうごとく「不二の生《なま》のいのち」を「天に在《ましま》す神」として積極的具象的に語ることにより、「一なる神」（一神教）という存在として形をはっきりさせます。そしてさらに、そこに地上に営みをもつ不完全な被造物たるわれら人間に対し、神は「永遠の生命」「全知全能、完全完徳」などという積極的な意味をもたせます。これは『涅槃経』が涅槃につき「常楽我浄《じょうらくがじょう》」といい、『大乗起信論』が如実不空真如について「常と恒と不変と浄法とを満足する」などと語るに相応するでしょう。

ところでキリスト教がもはや旧約的ユダヤ教ではなくして、新約的キリスト教となる本質的契機は、この「一なる神」をいうと同時に、も一つ「イエス様が神と一つである」ということです。「我と父とは一つなり」（ヨハネ一〇の三〇）。そしてこのようにイエス様ご自身が神と一つであるばかりではなく、さらにイエス様はわれら人間のために祈られます。

「これ皆一つとならん為なり。父よ、なんじ我《われ》に在《いま》し、我なんじに居《お》るごとく、彼らも我らに居らん為なり。是《これ》なんじの我を遣《つかわ》し給《たま》いしことを世の信ぜん為なり」（ヨハネ一七の二一）

つまりイエス様の教えの根本は、イエス様が神と一つであるごとく、イエス様を信ずるすべての人が、神と一つになるということなのです。

さて話は前後しますが、大体旧約の世界では人間は太初《はじめ》に神により創造されてありながら、その神から与えられた人間的思惟能力により神（生《なま》のいのち）に背《そむ》きました。背くとは一である神から離れて、神と人との二つになったことです。これがアダムの原罪ですが、エホバ神はこのように「一なる神」から背いた人間を再び自らのおさめる神の国に呼び戻し、一つにしようとして、まずイスラエルの民を選び、これに律法《おきて》を与えられました。そしてこの律法を守ることによって原罪を許すという契約をされたのです。つまり旧約的宗教においては「一なる神」はいま事実として「一」なのではなく、「当為《とうい》の律法《おきて》」（当に為すべきおきて）とともに「一であるべき」なのでした。

これに対し神と一つであるイエス様は、旧約における律法を、自己内奥の深さにおいて煮つめ純化することにより「愛の誡命《かいめい》」とし、まず何より神と一つであり、神の独り子であるイエスをこの世に遣わされるほどに、神がわれらを愛していることをしめされました。そしてこの「われらを愛して下さっている神の言《ことば》としてのイエスを信ずる」ことにより、人間は救われるという意味で、契約を新たにされたのです。これが新約の宗教です。

その点、旧約およびそれに続くキリスト教においては、神を人間的思いの届かぬ天の彼方の存在とし、「一なる神」として立てたので、その神の国はどこまでも当為の律法あるいは誡命とともに在る事実なのです。つまり今そのままが神の国であるのではなく、ユダヤ教においては律法の当為の契約において、キリスト教においてはイエス様への信仰と愛の誡命を守ることのなかに、どこまでも近づいてゆくべき事実なのです。

それ故『法華経』の「十方仏土中」における「仏土」と、聖書の「神の国は近づけり」における「神の国」は、両者は似てはおりますが、決して同じでないことが知られます。いま私のように仏も神もいずれも「自己のいのち」の問題として受け取る場合にしても、これは明らかに違います。いずれも確かに「自己の生《なま》のいのち」について語られてあるわけですが、ただその語り口の違いだけではなく、微妙に角度の違ったところでいわれてあるからです。しかし、その角度の異なる両方向から光をあててみることによって、われわれ自身の生《なま》のいのちの在り方が立体的にまざまざ浮彫りにされてくるところがあるでしょう。

まず『法華経』でいう「仏土」は分かりやすくいえば十界互具《じっかいごぐ》（十界＝地獄・餓鬼・畜生・修羅・人間・天上・声聞《しょうもん》・縁覚《えんがく》・菩薩・仏）といって、地獄界にも仏界以下の十界を具え、乃至《ないし》仏界にも地獄界以上の十界を具えています、つまり仏土といっても決して単調無風景の仏界ではなく、十界ぐるみの仏土なのです。だからわれわれ人間界の人間は、その転び方如何《いかん》によっては、いつでも地獄や餓鬼・畜生・修羅などの風景を展開するわけです。しかしその展開したところそれぞれが如是実相《にょぜじっそう》、そのまま生《なま》のいのちの絶対事実ということで、それぐるみ仏様の御手《みて》のなかだというのが十方仏土中です。

それに反し「神の国」は、確かに神は「有りて在る者」であり、神の御手によらずして成るものは一として在るわけはないのですが、しかし「神の国は近づけり」というときの神の国には審《さば》きがあります。それは「一なる神」が直轄統治される国であって、そこには不信者や悪魔が入りこむことは許されないのです。

その辺のところをよく味わってみますと、いずれも「不二なる自己の生《なま》のいのち」についていわれているに違いないのですが、十方仏土中の「仏土」は、われわれのいのちの底は間違いなくそのまま「もがかなくてもいい」という仏（畢竟帰大人《ひっきょうきだいにん》）に繫《つな》がっているという、いわば観念的本質論がいわれているのだといっていいでしょう。それでこの観念的本質論が一応、分かった、悟ったということで済ませてしまうことが多いのが、大乗仏教における通弊といえないでしょうか。

それに反し、そんな安易な独りよがりを許さないのがキリスト教です。イエス様が「時は満てり、神の国は近づけり。汝ら悔い改めて福音を信ぜよ」といわれるとき、われわれの現在そのままが神の国であるのではなく、しかし、どこまでも悔い改めつつ近づいてゆかねばならぬ国なのです。つまりいま私たちの現在は、どこまでも「一なる神」の愛の召命《しょうめい》の声を聞き、神と一であるイエス様を信じ、永遠の生命たる神に繫がるいのちの希望をもって祈りつつ、生きるときなのです。また私たちの住まう地上的世界はどこまでも神がわれらを愛するごとく、隣人に愛の心をもって出会いつつ、一歩でも「一なる神の国」実現に近づいてゆくべき処なのです。

以上、いかにも違ったようにみえる仏教でいわれる「仏土」と、キリスト教でいわれる「神の国」は、しかし実はいずれも自己の生《なま》のいのちの在り方をいうものです。それをいう角度の微妙な相違で現われる違いこそが、つまり「一切分別以前の生《なま》のいのちの立体構造の深さ」そのものなのです。それで結局「神」あるいは「仏」としていわれる「生《なま》のいのち」（神の創造の力、一心一切法、一切法一心の力）は深さの問題であって、決して単に平面的に合格不合格で済まされる問題でないことが知られます。

そういえば、例えば自動車運転でも、運転の仕方や交通規則も知らないのでは運転できないことはいうまでもありません。それで資格試験をもって一応合格不合格をいうわけです。しかし、それとは別に何十年無事故運転した人には「緑十字章」というのが授けられるそうですが、その緑十字章をクルマに飾って運転している人をいまだ見たことはありません。それというのも、たとえ何十年無事故のベテラン運転者といえども、事故は一瞬のうちに、どんなときにでも起こり得るのであり、それが「生《なま》のいのち」というものです。そんな事故を起こしたときに、もしそのクルマに緑十字章が飾ってあったとしたらどうか。それこそ引っこみがつかぬであろうぐらいのことは、そういうベテラン運転者ともなれば「生《なま》のいのちの恐ろしさ」とともに先刻ご承知だからでないでしょうか。

その点、仏教においてサトリはないわけでないでしょうが、これを改めて意識すべきではないでしょう。『般若心経』にも「無智亦無得《むちやくむとく》」とありますから。そしてかえって大切なのは、どこまでも「生《なま》のいのち地盤で」「生《なま》のいのち運転を狙《ねら》って」生きるいのちの深さです。これを道元禅師は「証上《しょうじょう》の修《しゅ》」といわれ「修証一如《しゅしょういちにょ》」といわれます。「十方仏土中」にありながら、どこまでも「南無仏《なむぶつ》しつつ」「悔い改めつつ」、無限に一歩でも「神の国に近づいてゆく深さ」こそを、われわれの自己の宗教生活としたいと思います。

以上はふつうにいわれる仏教的サトリをキリスト教から光をあててみたわけですが、次にはふつうにいわれるキリスト教的愛を、反対に仏教の方から光をあててみましょう。

拈自己抄――後編（第八回）

◆二つでない一である神（二）

日本人のなかには何か生理的にキリスト教を毛嫌いする人があります。長い間、仏教という宗教のもとにあったから、その宗派根性からキリスト教嫌いという人もあるでしょうが、実際としてそう仏教が深く日本人のなかに入りこんでいたのではありませんから、そういう宗派根性の人はあまり多くはないのだと思います。むしろキリスト教の説く「愛」というコトバに対し――そしてこの「愛」というコトバのもとに言動する、明治以降の日本人クリスチャンの所謂《いわゆる》バタ臭さに対し、どうも一般日本人には抵抗感があり、それがキリスト教嫌いにしていることが多くはないでしょうか。それはいわば生理的嫌悪であって、つまらないことのようでありながら、実は大きな要因となっているように、私には思えてなりません。

異なる二つの文化圏の接触は、よほど深い接触に到るまでは、それこそ体質的な毛嫌いや差別感などが互いに働き合って、反撥《はんぱつ》し排斥《はいせき》し合うようです。例えば大正時代までの日本人は欧米人に対して肉食人種特有の匂《にお》いを感じて毛唐といっていましたし、逆に欧米人たちは日本人に沢庵のような米糠《ぬか》の匂いを感じて軽蔑していたようです。しかし、これから地球上が一つになってゆかねばならぬ時代のわれわれとしては、誰に対しても何に対しても、そうした毛嫌いや生理的嫌悪をもって排斥するのではなく、もし厭《いや》なものを感じたら進んでそれを自分の手で触れ、自己としてそれはどうかと見直し判断する目をもちたいと思います。そういう目で見直し判断しつつ、お互い学び合い深め合ってゆくことが「拈百草は拈自己なり、拈万木は拈自己なり」の態度であるでしょう。

それにしても二つの精神文化圏の接触は大変で、また時間もかかります。コンピューターでもロケットでも物質的なものは、その移動に金がかかるにしても、移動してしまえば、どこも同じく作動するので話は簡単です。それに反し精神的に深いものは、キリスト教の愛というコトバ一つでも、その真意は全く簡単に伝わらないのだと思います。いや私はいつも二言目には自己というコトバを持ち出し、また、ここでも持ち出しているわけですが――この自己というコトバも英語ではエゴとかセルフなどと訳されるわけですが、その時には全く意味が違ってしまうようです。

その辺「自らに帰依せよ、法に帰依せよ、他に帰依することなかれ」といったり、「拈百草は拈自己なり、拈万木は拈自己なり」「仏道をならふといふは、自己をならふ也」などという場合の「自己」の真意味については、自己というコトバを使わずに全く違った角度から、その真意を伝えねばならぬと私は思っています（そのことについては、いずれ後ほど述べてゆくことでしょう）。

それと同じように、いまキリスト教の「愛」というコトバも、「神の愛アガペー」と「男女の愛エロス」が違うことぐらいは今どき誰でも知っているわけですが、それでもなお、いつの間にかチャンポンにしてしまうところがあります。そして明治以来の日本人クリスチャンのバタ臭さというのも、どうもそんなところから来ていると思うのです。実際に明治以来の日本人クリスチャンときたら、何か神様とベタックぐらいのことを神への愛と心得ているフシがあります。

先日も奥村一郎神父様の本を読んでいたら、こんな話が出ていたので思わず苦笑しました。カトリックの或る幼稚園でのこと、その日が「母の日」であったので、シスターの先生が子どもたちに「今日はお家に帰ったら、殊にお母さまを愛しましょうね」といいました。そしたら一人の男の子が「ボクそんな気持ちのワルイことできないや」といったというのです。この話できすぎていて、実際にあったこととは思えませんが、とにかく奥村神父様も愛というコトバのなかに、神の愛を言い表わすにふさわしくないものが附け加わってくるのを認めて、敢えてこんな話を持ち出されたのでしょう。

その点、キリスト教で「神は愛なり」ということの本質的なことは、神とイエスが「一」であるように、イエス様を信ずるわれらも「いのちとして一であろうとすること」なのです。それでその気持ちをいうためには少し持って廻ったいい方になりますが、「愛」とは「不二」（いのちとして二つでない）とでもいったらどうでしょうか。パウロの言葉に、「われ肉体にては汝らと離れておれど、霊にては汝らと偕《とも》に居り」（コロサイ二の五）とありますが、まさにこれこそはキリスト教的愛を実践する場合におけるわれわれ自身の真情とすべきでないでしょうか（話があっちへ素《す》っ飛びこっちへ素っ飛びして、目まぐるしい思いをされる方もおられるかもしれませんが、いま私の申し上げていることは、ただ一つ「自己」という地盤の話なのですから、そのおつもりで以下の話も、ただ皆さんご自身の「自己」のいのちだけに立ち帰りつつ、また深めつつお読みになって下さい）。

実はいま上にいった「われ肉体にては汝らと離れておれど、霊にては汝らと偕《とも》に居り」というパウロの言葉から、私は最近、仏教でいう「衆生」というコトバの深い意味を初めて知りました。というのは私は従来、仏教でいう衆生というコトバを単に「生きとし生けるもの」ぐらいの意味で受け取ってきたのでした。しかし仏教における衆生は、決してそんな平面的表面的なことではないことに初めて思い到ったのです。

例えば「今此三界《こんしさんがい》　皆是我有《かいぜがう》　其中衆生《ごちゅうしゅじょう》　悉是吾子《しつぜごし》」（今この三界は、皆これ我が有。その中の衆生は、悉くこれ吾が子）（『法華経』）とか「心仏《しんぶつ》及《ぎゅう》衆生《しゅじょう》是《ぜ》三無差別《さんむしゃべつ》」（心と仏と及び衆生の是の三は無差別なり）（『華厳経』）における「衆生」の意味を考えてみましょう。少なくともわれわれの肉の念《おも》いからいえば、とても「今此三界皆是我有　其中衆生悉是吾子」などとは思えませんし、敢えてそれをいうとしたら全く嘘っ八《ぱち》をいっているのでしかありません。また「心仏及衆生是三無差別」でも、肉の念《おも》いや心《こころ》のわれわれ（衆生）が仏と無差別であるはずがありません。その点これら仏典のコトバは、全くわれわれの肉の念《おも》いの話ではなく、そういう念いを悔い改め、手放したところの一心（霊の念い）から観《み》てのコトバなのです。

そして確かにこの肉の念いを悔い改め、手放した心《しん》（生のいのち）（自己↓自心↓一心↓一心一切法、一切法一心）から観れば、私の出会うすべて（隣人）は、わがいのちの中味《なかみ》なのであり、そういう「わがいのちの中味」として出会う処が衆生なのです。つまり衆生とは、自己より外側に在る「衆《おお》くの生物」の意味ではなく、かえって「見渡す限りの、自己のいのちではないものはない」――その「自己のいのちの分身として現われる衆くのわが生命」が衆生なのでなければなりません。だから衆生は単なる外部的な事実存在としてあるのではなく、今、今、私が出会う処を一々「わがいのちの中味として出会う」その出会い方のなかに在るものです。

そういう意味において大乗仏教でいう「今此三界皆是我有　其中衆生悉是吾子」でも、「心仏及衆生是三無差別」でも私の生きる姿勢、出会い方において修行してゆくべき方向、いわば「誓願的事実」のコトバだと、私は上のパウロの言葉を通して初めて知った次第です。またこのような出会い方、仏教的誓願をもち得るのは、決して肉の念《おも》いから出てくるはずはありません。それこそ思いを手放した一心《いっしん》の地盤、肉の念《おも》いを悔い改めた霊の念いの地盤においてのみです。そうしてみれば「心仏及衆生是三無差別」の言葉は、「神、イエス、聖霊の三位一体」とも一脈通ずるところがあるようにも思えます（私は仏教・キリスト教から光をあてて、ただ自己のいのちを深めたいとのみ願っており、決して外部的に比較して仏教・キリスト教の同一をいうつもりはありません。今の話もそういう看点から、ただ読者ご自身味わっていただければと願うだけです）。

さて、とにかくキリスト教でいう「愛」は神とイエスが二つではなく一であるごとく、われらも神、イエスと二つでなく一つであろうと実践してゆくべき誡命です。

「愛というは、我ら神を愛せしにあらず、神われらを愛し、その子を遣《つかわ》して我らの罪のために、宥《なだめ》の供物《そなえもの》となし給いし是《これ》なり。愛する者よ、斯《かく》のごとく神われらを愛し給いたれば、我らも亦たがいに相愛《あいあい》すべし。未だ神を見し者あらず、我等もし互《たがい》に相愛せば、神われらに在《いま》し、その愛も亦われらに全《まっと》うせらる」（一ヨハネ四の一〇―一二）

例によって、甚《はなは》だ具象的な語り口で語られてありますが、つまり先ず神の創造地盤では神の力とわれらは二つでない故に、われらも神と二つでないように行動すべきですが、しかし神は見えぬ力なる故に結局われら人間同士互いに二つでないとして出会うなかに、神とわれらが二つでないことが実現するということです。

この愛の誡命は決してイエス様が初めて新たに語られた言葉ではありません。「汝心を尽《つく》し精神を尽し力を尽して汝の神エホバを愛すべし」（申六の五）、「己《おのれ》のごとく汝の隣を愛すべし。我はエホバなり」（レビ一九の一八）と、既に『旧約聖書』にある言葉を、イエス様は自己内奥の深さにおいてより深く純化し感得され、これこそ「一なる神」のこころ、言《ことば》とし、そしてまた新約の誡命としてわれわれに与えられたのです。

それでこの愛（二つでない）というコトバの真意は、以上のように仏教・キリスト教をいずれも自己の問題として受け取り、そして仏教の「今此三界皆是我有　其中衆生悉是吾子」という誓願的言葉と対照してみることにより初めて癖のあるイスラエル人的語り口を剥ぎとったところで、まざまざと自己の問題として分かってきます。つまり愛の誡命はまさに自己の出会う処を皆わがいのちの中味として受け取り、わがいのちの分身として出会うという具体的実際の誓願行なのです。そしてキリスト教の「汝の隣人を愛せよ」の隣人は、仏教における衆生と同じく、決して存在的事実なのではなく、どこまでも修行実現してゆくべき誡命乃至《ないし》誓願という自己の問題であることも知られます。決してベタック相手としてあるのではありません。

さらにもっと具体的にいえば、例えばいま私が出会う人に対し、どうせ他人なのだと、素《そ》っ気《け》なく出会うとすれば、それは私が私のいのちを素っ気なく扱うことです。これに対し、いま出会う人（隣人）に誠意をもち本気に出会うとすれば、それは私が私のいのちを本気に生きることなのです。道元禅師の『典座教訓《てんぞきょうくん》』に「自を見ること佗《た》の如くなるの痴人《ちにん》あり。佗を顧《かえりみ》ること自の如くなるの君子あり」とありますが、確かにこういう仏教の教えを通して見ることにより、キリスト教の愛というコトバの真意もいよいよ深く味わうことができます。また反対に、こうして『聖書』から見直すことにより、仏教における自己の修行の根本的ネライも、単に個人的落ち着きやサトリということではなく、どこまでも「一なる神」「二つでないいのち」の現成《げんじょう》という誓願をもっての働きでなければならぬことがいよいよ浮彫りになってくるでしょう。

拈自己抄――後編（第九回）

◆坐禅と念仏　誓願と信心

以上、キリスト教における「二つでない一である神」の御許《みもと》に帰る「愛の誡命」と、他方仏教における「出会う衆生ぐるみの自己」がゆきつくところにゆきつかんと願う「誓願」の二つの角度から光をあてながら、誰でもない「自己の生きるネライがいかにあるべきか」を見てきました。

その仏教における「出会う衆生ぐるみの自己」の誓願に生きるボサツの、根本的心がけを一口にいったのが「毎自作是念《まいじさぜねん》　以何令衆生《いがりょうしゅじょう》　得入無上道《とくにゅうむじょうどう》　速成就仏身《そくじょうじゅぶっしん》」（毎《つね》に自ら是の念を作《な》す。何をもってか衆生をして無上道に入り、速《すみや》かに仏身を成就することを得せしめんと）であって、その場合の「念」とは文字通り「今の心がけ」です。それはあたかも、わが子を愛《いと》しむ母の切なる心のように、あるいは生理的いのちにおいて今の息は今息しつつ生きるより外あり得ぬように、「生《なま》のいのち」においては常に自らこの念をなしてゆくより外はありません。それは根本仏教において釈尊が最も大事なこととして教えられた波羅提木叉《はらだいもくしゃ》のこころです（前編「一口　根本仏教」参照）。それで大体われわれとしては「自己の生きるべき方向と心がけ」について、多少言葉のニュアンスが異なるとはいえ、かえってそれだけまざまざと立体的に、仏教とキリスト教から光をあてて学ぶことができました。

ところでまた、『聖書』ヨハネ伝では、この愛の誡命とは少し異なったいい方で――いやこの愛の誡命も含め、もっと深いところで、われわれの宗教生活のネライにつき、これをただ「イエスを信ずる」一事に絞りあげていわれます。

「それ神はその独子《ひとりご》を賜《たま》うほどに世を愛し給《たま》えり、すべて彼を信ずる者の亡びずして永遠《とこしえ》の生命《いのち》を得んためなり。神その子を世に遣《つかわ》したまえるは、世を審《さば》かん為にあらず、彼によりて世の救われん為なり。彼を信ずる者は審かれず、信ぜぬ者は既に審かれたり。神の独子の名を信ぜざりしが故なり」（ヨハネ三の一六―一八）

「誠にまことに汝らに告ぐ、わが言《ことば》をききて我を遣《つかわ》し給いし者を信ずる人は、永遠《とこしえ》の生命をもち、かつ審判《さばき》に至らず、死より生命《いのち》に移れるなり」（ヨハネ五の二四）

「永遠の生命は、唯一の真《まこと》の神に在《いま》す汝と、汝の遣し給いしイエス・キリストとを知るにあり」（ヨハネ一七の三）

同じ意味の言葉の引用を敢えて重ねたのは、この「イエスを信ずる」一事がいかにヨハネ伝において強調されているかを知るためです。

ここではとにかく「二つでない一なる神」の御許《みもと》に帰るために、愛の誡命よりさらに深いところで「神と一つであるイエス様」をわれわれが信ずる（一つになる）という一事に絞りあげていわれています。——ところでこの「イエスを信ずる」というキリスト教の教えに相当するものを、仏教において求めるとしたらそれは何か。いわゆる易行《いぎょう》浄土門《じょうどもん》の信の教えが挙げられていいと思います。

大体《だいたい》大乗仏教は、仏滅後数百年を経過しながらも、しかしずっと坐禅修行を相続してきている人たちが、当時ギリシャ・ローマ文明が流入してきている西北インドや南インドの地域において、その時代いまさらながら大きな問題として浮かび上がってきた、釈尊の「度衆生のご一生」を、坐禅から見直し、これを明確に表現しようと努力してきたところに生まれ出たものであるとは、前編において申し上げたことでした。それで大乗経典はすべて直接釈尊の説かれたものではありませんから、その点からいえば当然、仏教から外されねばならぬものだといえましょう。

ところが、われわれは釈尊の直接説かれたものでないと知りながら、しかもこれらを仏典としているのは何故か。——それは大乗経典がその当時初めて浮かび上がってきた重大な問題に対し、嫡々相承《てきてきそうじょう》の坐禅から見た帰結の、より明確な表現であればこそです。

その点、釈尊が直接弟子たちに説かれた波羅提木叉は、いわば個人的な安らいの生き方を教えられたものでした。しかしその釈尊の説かれた教えだけであったならば、そのなかには当の釈尊ご自身の「衆生教化のために働かれたご一生の生き方」が入り切りません。それで大乗仏教時代になって「釈尊の自己」は単に個人的自分ではなく「一切衆生ぐるみの自己」なのだと表現してきたのです。毎度引用する『法華経』の「今此三界皆是我有　其中衆生悉是吾子」や「毎自作是念　以何令衆生　得入無上道　速成就仏身」などは、まさしくこの「一切衆生ぐるみの自己」をズバリと言い切った言葉だといえましょう。

それと同時にこれを裏返していえば、大乗菩薩としてわれわれのする坐禅は、このような一切衆生ぐるみの成仏を誓願とする生き方を内含《ないがん》すべきであり、そうであってこそ坐禅が「自帰依、法帰依、不他帰依」の自受用三昧《じじゅゆうざんまい》（一心一切法である自己ぎりの自己）であることができるということです。

つまりわれわれ生きる限り「一切衆生ぐるみの誓願」をもった自己であるべきであり、そのような自己が自己に落ち着く坐禅をすべきです。大乗仏教を展開してきた人々は、まさしくそのことを明確にしてきたのです。この「誓願に生きるボサツの生き方」の教えを、私はキリスト教における「いのちとして二つでない愛の誡命」を対照しつつみてきたわけです。

しかしここで問題になるのは、われわれの一生は決して「元気に生きる」だけではないということです。この肉体的身体をもつ自分は、やがて「生きて働く力」が弱り、老いてゆきます。あるいは若くても病み、せっかく誓願をもちながらも働けぬこともあります。そして最後には、このような「生きる力」さえ尽きて死んでゆかねばならぬのは、凡夫《ぼんぷ》もボサツも同様の絶対事実です。その時ボサツとしてただ「誓願に生きて働く」だけを方向としていたら、こういう老病死の場合どうなのか。

仏典にはボサツとしては生々世々《しょうしょうせせ》ボサツ的誓願に生き、そして坐禅修行をしてゆくべきだということになっています。そのボサツとしての志気《しいき》はよしとするも、今や単なる形容詞的お話ではなく、その実際に直面する修行者としては、その誓願に生き坐禅する肉体そのものが老い病み死んでゆくのです。そしてこれは今、私自身既に老いて、切実に直面している現実の問題なのでもあります。

私は若い頃からずっと坐禅修行してきたわけですが、この坐禅修行には肉体的限界があるのであって、老いた今は事実として、もはや坐禅できなくなっています。いや私だけではありません。大乗仏教を展開してきたインド仏教者たちも、本当に一生を真面目に坐禅修行してきたに違いありません。そして一生を真面目に坐禅してくればくるほど、その坐禅修行には肉体的限界があることを知らずに済まされなかったはずです。そしてこういう「修行し誓願に生きる力」が弱り、病み、死んでゆくとき、自己のネライはどこにあるべきか――これが当然問題となってくるべきです。この問題につき、今や私自身老い病み、そして死を前にしてつくづく思い当たるのです。この老病死に直面した修行者の問題を、これまた「一切衆生ぐるみの自己の坐禅」からはっきり教えられているのが「易行浄土門」の教えであると。

竜樹《りゅうじゅ》尊者の『十住毘婆娑論《じゅうじゅうびばしゃろん》』易行品《いぎょうぼん》には、

「大乗を行ずる者に、仏是《かく》の如く説きたまえり。発願《ほつがん》して仏道を求むる者は、三千大千世界を挙《あ》ぐるよりも重くすべし。汝、阿惟越致地《あゆいおっちじ》（菩薩不退の位）は、是の法甚《はなは》だ難し。久しうして乃《すなわ》ち得べし。もし易行道有りて疾《と》く阿惟越致地に至ることを得という者は、是れ即ち怯弱下劣《こにゃくげれつ》の言《ごん》なり。是れ大人志幹《だいにんしかん》の説に非ず」として、どこまでも大乗を行ずるものは坐禅修行し発願して生きねばならぬと強調しています。しかし同時に、

「汝若《も》し必ず此の方便を聞かんと欲せば、今当《まさ》に之を説くべし。仏法には無量の門あり。世間の道《どう》に難有り、易有り。陸道の歩行《ぶぎょう》は則《すなわ》ち苦しく、水道の乗船は則ち楽しきが如し。菩薩の道も亦是《またかく》の如し。あるいは勤行精進《ごんぎょうしょうじん》のもの有り、あるいは信方便《しんほうべん》、易行《いぎょう》を以て、疾《と》く阿惟越致地に至る者有り」とあります。

つまり仏道としてはどこまでも誓願を発し、これを行じてゆくことが本筋であって、始めから易行道はないものかというなど怯弱下劣《こにゃくげれつ》の言だとしながらも、方便として説き出されているのが易行道です。もっと具体的実際としていえば、修行者が元気にいきいき生きている限りは誓願をもって働きつつ、坐禅修行もしてゆくべきだが、既に修行者が老い病み最後に死んでゆかねば

ならぬ場合、そういう老病死の場合の方につけられてある便宜の道として説かれあるのが易行です。そして易行とは、「若《も》し人疾《と》く不退転地に至らんと欲せば、応《まさ》に恭敬《くぎょう》の心を以て、執持《しゅうじ》して名号を称すべし」とあって、称名念仏の道を挙げられます。

その点、仏法をどこまでも「自己」の問題としてみる限り、たとえ誓願をもって坐禅修行することを難行とし、これに対し信念をもって念仏称名することを易行とするにしても、実はこの両者は本質的に異なる道としてみるべきではないでしょう。繰り返していいますが、釈尊の教えられる坐禅を実際に真面目にしてくればくるほど、坐禅には肉体的限界があり、老い病むときには事実として坐禅できないことを自覚せざるを得ないのです。そしてその時にこそ仏を念じ仏の御名を称《とな》える道のある、本当の意味が知られるのでないでしょうか。

坐禅と念仏、誓願と信心とは決して別ものであるべきではなく、たった一つの両面であり、肉体をもつ自己の一生の時期の在り方（ライフサイクル）としていずれか一方が表に現われ、他方は裏にかくれるものといっていいのでないかと思うのです。先に見たキリスト教の「愛の誡命」と「イエスへの信仰」と対照してみることにより、それがはっきりしてきます。

良寛さまも道元門下としてずっと坐禅修行してこられたお方です。しかしその良寛さまは、

心もよ言葉も遠くとどかねば
はしなく御名を唱へこそすれ

というお歌を残しておられます。良寛さまもご晩年はお念仏申していらしたのでしょう。このお歌を拝見するとき、つくづく良寛さまの坐禅修行の深さと信念が伝わってきます。

その点、坐禅と念仏、誓願と信心はインドにおいては全く一つのこころであったわけですが、中国へ伝わったときには既に禅宗と念仏宗に分かれてしまいました。さらに日本に入ってからは、もはや坐禅人は念仏すべきでなく、念仏者は坐禅してはならぬかのようになってしまいました。これはキリスト教の「愛」と「信仰」を別宗派にしてしまったようなオカシサです。そうなった所以《ゆえん》は日本では坐禅するといっても「自己として坐禅」せず「宗派人として坐禅する」からであり、念仏するといっても「自己として念仏」せず、「宗派人として念仏する」からです。

これに対し道元禅師は終始、坐禅は禅宗というべきでなく、どこまでも「仏法の総府」であり、「仏法の正門なり」といわれています。いま私はこの道元禅師の教えられる仏法の総府の坐禅から見て、念仏も宗派としてでなく、仏法として称える大道を明らかにしたいと願いつつ、以下進んで易行信心の話を申し上げてみたいと思うのです。次に先ずそういう「牛《なまﾞ》のいのち」に帰るために用意された「船」として、法蔵比丘《ほうぞうびく》の「国土ぐるみの泥洹《ないおん》（涅槃）をねがう誓願」を見てゆくことにいたします。

拈自己抄――後編（第十回）

◆当為《とうい》の矛盾

上には『法華経』の「毎自作是念《まいじさぜねん》　以何令衆生《いがりょうしゅじょう》　得入無上道《とくにゅうむじょうどう》　速成就仏身《そくじょうじゅぶっしん》」（毎《つね》に自ら是の念を作《な》す。何をもってか衆生をして無上道に入り、速かに仏身を成就することを得せしめんと）という誓願をもって世に働くボサツの生き方は、キリスト教における愛の誡命に相当するものであることを見てきました。しかしこのような生き方は、あまりにもその規模が雄大すぎてこの世には、ついてゆけぬ人が多すぎます。

これは『聖書』においても同じです。山上の垂訓《すいくん》には「『目には目を、歯には歯を』と言えることあるを汝ら聞けり。されど我は汝らに告ぐ。悪しき者に抵抗《てむか》うな。人もし汝の右の頬をうたば左をも向けよ。……」とか「『なんじの隣を愛し、なんじの仇《あだ》を憎むべし』と言えることあるを汝らきけり。されど我は汝らに告ぐ。汝らの仇を愛し、汝らを責むる者のために祈れ」とありますが、われわれこれを文字通り守ることのできる人が果たしているかどうか。

とにかくわれわれ普通人としては、ただ自分の生活をすることだけで精一杯で、とてもこうした誓願や愛の生き方など、思いもよらぬことであるでしょう。釈尊ご自身がそういう生き方をなされながら、弟子たちにはそのまま、それをお説きにならなかった所以《ゆえん》もそこにあったのでないでしょうか。たとえお説きになられても、それこそ弟子たちの耳の底にまでは達しなかったに違いありません。

大乗経典を書いた人たちもその辺のところを充分承知していたようです。『法華経』に続いて成立したとみられる『大無量寿経』では、この誓願的生き方をそのまま、われわれには与えず、この『法華経』の説くボサツの「誓願行の成就者」としての仏を登場させてきます。法蔵比丘《ほうぞうびく》の四十八の誓願と、その成就者としての阿弥陀仏です。

『法華経』方便品《ほうべんぼん》においては既に一片の帰命心《きみょうしん》を発《おこ》すことが、そのまま「皆已成仏道《かいいじょうぶつどう》」（皆すでに仏道を成ず）する因縁（仏種従縁起《ぶつしゅじゅうえんぎ》）であることを説いている個処《かしょ》があります。そしてそのなかの一つとして挙げられている「一称南無仏《いっしょうなむぶつ》　皆已成仏道」（ひとたび南無仏を称えれば皆すでに仏道を成ず）を、『大無量寿経』においては宏大な物語として敷衍《ふえん》させてくるのです。

その物語とはこういう話です。過去世《せ》、世自在王如来《せじざいおうにょらい》のとき、ひとりの国王がありましたが、彼は無上正覚《むじょうしょうがく》の発心をして出家し、法蔵比丘といわれました。この法蔵比丘は或る時、世自在王如来のみもとに詣《いた》り申し上げました。

「私は修行して仏となったとき、何よりその国土を第一にしたいと願います。そこでは国土そのものが泥洹《ないおん》（涅槃のこと）であって、そのなかに一切を摂取《せっしゅ》したいのであります。どうぞそういう誓願ぐるみの私をして正覚を成ぜしめ、すべての衆生の生死勤苦《しょうじごんく》の本を抜かしめたまえ」と。

――つまりこの法蔵比丘の発心は単に「個人的解脱としての安らい、涅槃」を求めたのではなく、かえって「自己の生きる働きの場」で出会う「衆生ぐるみ、国土ぐるみの安らい、涅槃」であったという点で、全く壮大な誓願でありました。

「時に世饒王仏《せにょうおうぶつ》（世自在王仏のこと）、法蔵比丘に告げたまわく、『汝が修行する所の荘厳仏土《しょうごんぶつど》、汝自ら当に知るべし』と」（傍点筆者）

しかし法蔵比丘には、その仏のいわれる意味がよく分からないので、なお重ねて尋ねます。

「唯願《ただねがわ》くは、世尊、広く為に諸仏如来の浄土の行を敷演《ふえん》したまえ」と。

そこで世自在王仏は二百一十億《にひゃくいちじゅうおく》の諸仏刹土《しょぶつせつど》、天人の善悪、国土の麤妙《そみょう》など悉《ことごと》く現わして見せられました。「時に彼《か》の比丘、仏の所説を聞き、厳浄《ごんじょう》の国土、皆悉く覩見《とけん》し、無上殊勝の願を超《ちょう》発《ほっ》せり。其の心《しん》、寂静《じゃくじょう》にして志、所著《しょじゃく》無し、一切世間能《よ》く及ぶ者無し。五劫《ごこう》を具足して荘厳仏《しょうごんぶつ》国清浄《こくしょうじょう》の行を思惟《しゆい》し摂取せり」とあります。――これまた大乗仏典特有の語り口で、大変茫漠たる話になってしまっておりますが、要するにわれわれ人生に展開する、どんな問題もすべて自己のする坐禅のなかの風景であると見渡し、坐禅のなかに摂取するということです。そしてこれが上の「汝自ら当に知るべし」（汝自当知《にょじとうち》）の真意味です。

そしてこの法蔵比丘は成道して阿弥陀仏になられたということは、先に挙げた『法華経』の「毎自作是念　以何令衆生　得入無上道　速成就仏身」という誓願成就であり、また阿弥陀仏は、まさにその仏国土ぐるみの泥洹、つまりその仏国土に一切衆生を摂取し、衆生の勤苦《ごんく》の本を抜くという「誓願成就の仏格化」です。そしてこの「汝自当知」された一心の内容として説き出されたのが四十八願の誓願でした。

しかもこの「法蔵菩薩は今已《いますで》に成仏して、現に西方に在《まし》す。此《ここ》を去ること十万億刹《せつ》なり。其の仏の世界を名づけて安楽《あんらく》と曰《い》う」とあって、既に成仏していながら現に働いておられるのです。これは神が「天に在《まし》ます」というのと同じ意味で「西方」といい、また「此処でなく彼方」という意味で「十万億刹」というのであって、それぞれ語り口の相違はありますが、同じことを異なった具象性で語っているのだということが分かります。

つまり阿弥陀仏は国土一切衆生ぐるみの、自心（一心）の畢竟帰《ひっきょうき》であり、誓願成就の仏格化です。そしてキリスト教の神が永遠の生命、完全完徳、全智全能などといわれるのと同じく、阿弥陀仏は無量光、無辺光、無礙光《むげこう》、無対《むたい》光、燄王《えんのう》光、清浄《しょうじょう》光、歓喜《かんぎ》光、智慧光、不断光、難思《なんし》光、無称光、超日月光《ちょうにちがっこう》などとあらゆる二辺を超えた、限りない光明として、『大無量寿経』には語られています。

ところでキリスト教における「絶対者」であり、「人間を超絶した神」が、人間に差しのべた手はイエス・キリストでした。イエス様は神の言《ことば》であり、イエス様を信ずるものは悉く永遠の生命に入るのですが、このイエス様に相当するものは『大無量寿経』では四十八願の誓願です。そのなかの第十八願こそは、その中核をなすものです。

「設我得仏《せつがとくぶつ》　十方衆生《じっぽうしゅじょう》　至心信楽《ししんしんぎょう》　欲生我国《よくしょうがこく》　乃至十念《ないしじゅうねん》　若不生者《にゃくふしょうじゃ》　不取正覚《ふしゅしょうがく》　唯除五逆《ゆいじょごぎゃく》　誹謗正法《ひほうしょうぼう》」（設《たと》い我仏《われぶつ》を得んに、十方の衆生、至心《ししん》に信楽《しんぎょう》して、我が国に生まれんと欲し、乃至《ないし》十念せん。若《も》し生まれずば、正覚《しょうがく》を取らじ。唯《ただ》五逆と正法を誹謗《ひほう》せんとをば除く）

そしてこの願は既に成就されているということで、

「諸有衆生《しょうしゅじょう》　聞其名号《もんごみょうごう》　信心歓喜《しんじんかんぎ》　乃至一念《ないしいちねん》　至心廻向《ししんえこう》　願生彼国《がんしょうひこく》　即得往生《そくとくおうじょう》　住不退転《じゅふたいてん》　唯除五逆《ゆいじょごぎゃく》　誹謗正法《ひほうしょうぼう》」（諸有の衆生、其の名号を聞きて、信心歓喜し乃至一念せん、至心に廻向し（たまえり）、彼の国に生まれんと願ずれば、即ち往生を得て、不退転に住せん。唯五逆と正法を誹謗せんとをば除く）

ここに初めて阿弥陀仏を信じ念ずれば即ち極楽往生をするという易行信心の道が開けてくるわけですが、問題はこの至心信楽とか信心歓喜する一念です。われわれ果たしてこの安楽国往生に合格するような「信」を起こすことができるかどうか。

いや、このことはキリスト教についても同様なことがいえましょう。たった一つ「イエス様を信ずる」ということさえも、果たしてイエス様が「よし」と許されるような信仰を、われわれもつことができるかどうか。――このことを自分自身のこころに聞いてみると、おそらく誰もその自信ありという人はいないのではないでしょうか。このことはひたむきに自己を反省し悩んだことのある人ならば、誰もこの悩みを経験されたことがあると思います。それは真剣にそして深刻に問えば問うほど、イエス様でも阿弥陀様でもいよいよ天の彼方、十万億土に遠ざかってしまわれるような悩みです。

その点、私は幼少の頃から病弱であったので小学校も中学校もよく学校を休みました。しかし別に大病というわけではなく、ズル休みとほんの紙一重のところで、ただ家で寝ていただけなので、そんなとき母は私のため、いろいろな本を買ってきて与えてくれたのです。そして忘れもしませんが、中学一、二年の頃与えられた本のなかに中江藤樹や二宮尊徳の伝記本があり、私は何となくそういう、人のために道を説いたり、働いて尽くしたりする人を偉い人と思い、繰り返し読みました。

続いて中学の三、四年頃からは既にその頃刊行された木津無庵編の『新訳仏教聖典』や、いろいろの仏教の本など、自分で買ってきて読むようになり、いよいよ古の聖者たちに憧れをもつに到りました。しかし同時に、ちょうどその頃から性にも目覚めてきたので、ここに自分自身のなかにだんだん深刻な矛盾を体験せねばならなくなっていったのでした。

それこそ一方、古の聖者たちの清らかな、人々のために働く生き方を瞻仰《せんごう》しながらも、他方自分のなかに獣のように狂い廻らずにいられぬ自分を見出さずにはいられなかったからです。

大学予科時分には『聖書』や『歎異抄』などの本を本棚に飾り、尊い本としてときどき見てはいましたが、何も分かるはずはありませんでした。しかしそれでもパウロの、

「われ中《うち》なる人にては神の律法《おきて》を悦べど、わが肢体《したい》のうちに他の法《のり》ありて、わが心の法《のり》と戦い、我を肢体の中にある罪の法《のり》の下に虜《とりこ》とするを見る。噫《ああ》われ悩める人なるかな、此の死の体より我を救わん者は誰ぞ」（ロマ七の二二―二四）

とか『歎異抄』の、

「いづれの行もをよびがたき身なれば、とても地獄は一定《いちじょう》すみかぞかし」

などの言葉はそれこそ身に沁みてよく分かりました。

さらに大学時分、ヘーゲルの論理学を読んでいるとき、ヘーゲルがカント哲学の当為《とうい》概念を批評して「『汝為すべきが故に、汝為し能《あた》う』というけれど、実は同時に『汝為すべきが故に、汝為し能《あた》わず』なのだ」という言葉があったのには、殊に共感したことを、今もなお思い出します。

なおこの当為（まさに為すべき）はその後、出家し本格的に坐禅修行するようになってから、また改めていよいよ深刻に出会わなければなりませんでしたが、とにかくそれは真実の自己を生

きようとする人間にとって、最後の最後までついて廻る、乗り越えることのできぬ頑強な壁として、行く手に立ちはだかってくる問題であることを知らされねばなりませんでした。

上に挙げた聖パウロの言葉はユダヤ教の律法についていったことであり、親鸞聖人の言葉は自力行についていわれたことなのですが、実は私にとってはキリスト教における「イエス様への信仰」、あるいは浄土真宗における阿弥陀様への「絶対他力信心」についてさえも、同じく当為の矛盾を感じてしまうのでした。というのは、たとい「信ずる」と本気に決まったように思ったにしろ、しかしその私が、何時《いつ》「神も仏もあるものか」と言い出すか分からぬ自分を、同時に感じてしまって、当為の溝はいよいよ深いものになって私を困惑させるのです。

おそらくこのような悩みこそは、われわれ自分の人生問題解決のために、宗教の道を歩む者が最後の最後まで出会う根本問題ではないでしょうか。

拈自己抄――後編（第十一回）

◆生《なま》のいのち（一）

キリスト教においてイエス様を信じ、あるいは仏教において阿弥陀様を信ずる場合、「我れ信ず」と決断したり、あるいは信仰告白したりして、信心決定《しんじんけつじょう》してしまえるなら問題はありません。ところがわれわれ悪男悪女となると、そういう信心決定したつもりのすぐ傍《かたわ》らから、神も仏も忘れ果てた行動をするのであり、あるいはまた、どこまでいっても「もうこうなったら神も仏もあるものか」と何時言い出すか分からぬ自分であることを感じざるを得ないのです。

そんな自分を見出すので、全く易行であるはずの「信」の一つが、実は乗り越えられぬ大難関として聳《そび》え立ってきてしまいます。もはやあざといご利益《りやく》を願ったり、奇蹟を期待したりというのではなく、今や全く無条件的にただ絶対者に帰するという信の一念にまで煮つめてきながら、この信の一念そのものが、いつもグラグラ揺らいで決まらない自分に出会います。そしてこれ以上はもはや自分の力でどうにもならぬと決定し、まさにそれなればこそ十字架の救いがあり、あるいは阿弥陀様のご本願による絶対他力があるのだということも、アタマではよくワカリながら、しかし「それさえもキマラナイ」のが今の問題です。

坐禅修行には老病死など肉体的限界があるので、いま易行信心の念仏を取りあげてきているわけですが、ここでも抜くべからざる当為の矛盾がいよいよ深刻な形で立ちはだかってきます。——そこでこの信の一念が決まらぬ問題につき、ではこれを仏祖正伝《ぶっそしょうでん》の坐禅から見直してみたらどうか——再び翻《ひるが》えって坐禅から出直す以外にないでしょう。というのは釈尊が仏法を開かれたのはまさしく坐禅によられたからであり、その坐禅を正伝すればこそ仏祖正伝の坐禅は「仏法の正門」であり、「仏法の全道」であり、「妙法単伝の標準」なのです。だからわれわれの究極のことは、いつでもこの仏祖正伝の坐禅に照らしてみることが一番間違いなく、またそれが正道であるからです。

しかしここで何より問題なのは、その「仏法としての坐禅」という、その「仏法」の意味です。この仏法を、従来のように混沌感情でただ有難がっているのでは何の意味もありません。まず「仏法」の「仏法」たる意味をはっきりさせてかかるべきです。

ところでこれについて、道元禅師は、次のお言葉を根本として挙げられております。

「しるべし。仏法はまさに自他の見《けん》をやめて学するなり」（『正法眼蔵』弁道話）

つまり道元禅師が釈尊から嫡嫡相承《てきてきそうじょう》してきている坐禅を、外の坐禅のやり方とは区別し、取りたてて「仏祖正伝の坐禅」といわれる所以《ゆえん》は、何よりまさにこの「自他の見《けん》をやめて」坐禅するのであるからです。

その点、足を結跏《けっか》して坐る坐禅の姿勢が、ヴェーダやウパニシャッドの古い時代からインドの修行者たちの間では既に行ぜられてきたことは衆知のところです。今日でもヨガを行ずる人たちは、この姿勢で観念観想したり瞑想したりしています。しかしこの坐禅の姿勢を「自他の見をやめて坐る姿勢」として創《はじ》められたのは釈尊でした。そしてこの「自他の見をやめて、祗管《しかん》に坐る坐禅」を正伝してきているからこそ「仏祖正伝の坐禅」というのです。

それではこの「自他の見をやめる」とは、一体どういうことなのか——これもハッキリさせてかからねばなりません。「自他の見をやめる」とは、まず自分と他人とを分けて考える（見《けん》）ことをやめるということです。しかし、もっと微細な根本からいえばそれは「思う（意識する）能《のう》（自《じ》）」と「思われる（意識される）所《しょ》（他《た》）」の二つに分けることをヤメルこと。——つまり「思う、思われるという、能所《のうしょ》分離する以前」のところに坐るということです。

この「思う、思われる能所分離以前」ということは、ふつう所謂《いわゆる》の「無念無想」のことと思われがちですが、決して「無念無想」のことではありません。ではそんな「無念無想」ではなく、しかも「思う、思われるの能所分離以前」とは一体どんな境涯なのかとして、また何か特別な神秘的境涯のごとく受け取られがちですが、それもまた当たりません。

これについて（つまり「無念無想」でもなく「思う、思われるの能所分離以前」について）、われわれが事実する実際例をいうとすれば、次のような場合を挙げることができます。それは例えば、私たちは日常うっかりと、何か熱いものに触れて、思わず「熱っ！」と感嘆詞をあげて手を引っこめたりします。あるいはまた、思わぬときに何か上から物が落ちてきたりしたとき、思わず身を避《よ》けたりもするでしょう。そうした感嘆詞や咄嗟《とっさ》の行動は、確かに思う思われるを分けた上での行動ではありませんが、さりとてまた、無念無想であるのでもないでしょう。それは意識以上のところで、しかしまた無念無想でもないところで働く生命行為であり、生《なま》のいのちの発想です。

無念無想であっては、このような生きた生命行為は働きませんから。

その点大体、人間は先天的に人間意識（思い）を有《も》つ動物なのであって、これは本質的なことです。それで人間意識（思い）を断滅することは不自然、無理であると同時に、たとい断滅してみても、そこに人間の真実のいのちがあるはずはありません。そこにはただ植物人間があるだけです。

しかし他方、思いの丸ころがしになり、思いに振り廻されているだけのところにも、人間の真実のいのちがあるはずはないでしょう。というのは、ふだんわれわれは人間意識によって自他能所を分け、見る（能《のう》）によって、見られた向こう側（所《しょ》）を表象、観念（思い浮かべられたもの）として、固定させた上で、それらを綜合統一して、「一つの意味的存在」としての概念を構成するのです。つまり、われわれの住まう概念的世界（意味的世界）は思いで既に加工した世界だけを見ているのであって、それはもはやナマのいのちではなくなっているのです。

これもまた卑近な具体例をもっていいますと、例えば疲れて眠くなっているドライバーがいつの間にかウツラウツラしているようなときを考えてみましょう。この場合ドライバーは自分ははっきり覚めて運転しているつもりでいながら、実は「はっきり覚めて運転している」という概念の夢を追いつつ、既に眠《ね》ているのです。あるいは初心のドライバーが「しっかり運転しなければ」とカンカンに意識しすぎて、かえって手元足元が硬直し、生《なま》のいのちとして、自由柔軟に働かなくなっている場合もあります、いずれもここではとにかく生《なま》のいのちが、思いによって拘束され、生《なま》のいのちのまま、いきいきのびのび働かなくなってしまっています。

われわれ人間が生きて日々行動していることは、ちょうど自動車運転のように、自分で自分の生命を運転してゆくことにも譬《たと》えられるでしょう。ただこの生命運転が自動車運転と異なるところは、生命運転する（能《のう》の）自分（ドライバー）も「生《なま》のいのち」であり、生命運転される（所《しょ》の）自分（クルマ）も「生《なま》のいのち」だということです。また視点を変えていえば、走っている自分（能《のう》）というクルマも「生《なま》のいのち」であり、走ってゆく自分というクルマの前に刻々展開する風景、つまり自分が生命体験する内容（所《しょ》）も「生《なま》のいのち」なのです。

このように何から何まですべて「生《なま》のいのち」であるに拘《かか》わらず、もし自他能所を分別し、思いで煮たり焼いたりした後の向こう側だけを見つつ運転しているなら、それは思いが展開する「概念という夢（幻影）」を見ながら、居眠り運転、あるいは考え事運転しているようなものです。自分はハッキリと覚めて運転していると思う、それぐるみが夢なのですから、とんだ運転になってしまっているのです。仏教ではこれを惑《わく》、業《ごう》、苦《く》といいます。この惑業苦について私は以前よく「思いは幻影、行為は現実、結果は化けて出る」という公式として解説したことでした。

これも実際の最近の時事例をもって譬えていいますと、会社経営ひとつでも、会社の成績をより大きく伸ばしたいという思いによって（思いは幻影）、本業以外に財テクとやらに励み（行為は現実）、しかし世の中のバブルははじけて、会社は大損害、倒産（結果は化けて出る）というようなことです。

その点人間の真実、いのちの真実は、思いを断滅したところにあるべきではありませんが、さりとてまた思いに振り廻されていていいものではなく、かえって自他分離以前の生《なま》のいのちにはっきり覚《さ》め覚《さ》めて働くことでなければなりません。

そうです。道元禅師の教えられる仏祖正伝の坐禅は、こうしていつの間にか居眠り運転になってしまっていたり、考え事運転しがちの、幻影または夢からハッキリ覚めて、マッサラな「思いで煮たり焼いたりする以前の、生《なま》のいのちに帰る行」です。

それで古来坐禅について、われわれ坐禅修行者に繰り返しいわれる口伝《くでん》的用心は、ただ「坐禅は散乱《さんらん》（考えに乱れること）と昏沈《こんちん》（居眠りに沈むこと）を戒《いまし》む」という甚《はなは》だ簡単な一事《いちじ》だけです。そして何より大切なことは、これをただ言葉として覚《おぼ》えたり、考えたりするのでなく、祇管に、身の骨組と筋肉をもって、坐相（坐禅の姿相）を調え直し、調え直するなかに覚触《かくそく》することです。考え事すれば坐相が凝《こ》りますし、居眠りすれば坐相がだらけますから、これを骨組と筋肉で調え直すことによって覚めるのです。

覚触とはアタマで考えることなく、ただ身をもって行ずる処に「触を覚する」とでもいっていいのでしょうか。私が毎度引用する『正法眼蔵随聞記』の言葉、「心を以て仏法を計校《けこう》（もくろみ、かんがえる）する間は道は万劫千生《まんごうせんしょう》得べからず。……道を得ることは、正《まさ》しく身を以て得るなり」とある通りです。そしてこのような坐禅を一口に「自己の正体なり」とも「正気の沙汰の坐禅」ともいわれています。

さてこのような「仏祖正伝の坐禅」「仏法としての坐禅」「祇管打坐」から、先に問題としてきた「信」における当為の矛盾を見直してみるとき、それはどう解かれるべきか。かく見直してみることによって、「信」の本質的意味も分かってきますし、実際にわれわれが「信ずる」場合の心構えもはっきりしてくるでしょう。

坐禅も信心も本来、思いで煮たり焼いたりする以前の問題ですから、決して口で説明し尽くせるものではありません。しかし人間が事実として理性的存在者である限り、坐禅も信心もアタマから口ではいえぬこと、思いを超えていることとして、単なる混沌感情無方向に「ただ坐ったり、信じたり」すればいいものでもありません。それでは全く見当外れになっていることが多すぎるからです。その点どこまでも口で言えるところまでは口で表現しつつ、われわれの理性にも充分納得された上で、正しく坐るべきであり、正しく信ぜられるべきです。

従来の日本仏教者はこのような努力を全くせず、ただ混沌感情だけで仏教を有難がらせてきておればこそ、日本人のうちには真の仏法が全く浸透せずにきました。それで今日のような科学時代になって、いまさら全く未開人そのままの原始的淫祠邪教《いんしじゃきょう》の跋扈《ばっこ》さえも許している始末です。正しい信心の在り方は、どこまでも口で言い得るところまでは説きぬいて、はっきり闡明《せんめい》されねばなりません。そういうつもりで以上、まず仏法としての坐禅を語ったのですが、次にはこのような「仏祖正伝の坐禅」から照らし出された信心の話を申し上げてゆきます。

拈自己抄──後編（第十二回）

◆生のいのち（二）

先には、われわれが信心信仰においてさえ出会う当為《とうい》の矛盾を乗り越えるために「仏法としての坐禅」から、これを見直せばどうか、ということで、「正伝《しょうでん》の仏法」「仏法としての坐禅」の話を申し上げてきました。そして結局このような坐禅は一口にいって、どこまでも「自己の正体」あるいは「正気の沙汰の坐禅」でなければならぬといってきたのでした。

ところで、ここでは先ず先にいった坐禅において実際に修行する「自己の正体」「正気の沙汰を見失わないこと」が、いかに人間にとって大事なことであるかを見直すことから、話を進めたいと思います。──その点、例えば戦争はいつの場合でも、それぞれが「正義」あるいは「神の名」を叫びつつ始めます。つまり「正義」あるいは「神の名」として思い固められた、幻覚同士が戦争を始め殺し合うのです。しかしこの場合、本当に最も見失ってならぬことは、「正義」や

「神の名」ではなく、ただ一つ「正気の沙汰に帰る」一事でなければなりません。

ではここにいう「正義」と「正気の沙汰」とは一体どう違うのか。――正義の正とは、「一以って止まる義」つまり「実物そのもの」「生《なま》のいのちそのもの」ということです。この「正」を観念化、あるいはイデオロギー化し、思いで固定させてしまっているのが「正義」です。それに反し「正気の沙汰」とは、いつも「いま、いま正気に帰る」ことであって、決して観念として固定化せず、流動的に刻々、自他分かれる以前の生《なま》のいのちで、生《なま》のいのちを見直し見直し、覚め覚めてゆくところにあります。

仏祖正伝の坐禅というのは、思いを手放し、骨組みと筋肉でただ結跏趺坐《けっかふざ》の姿勢を正し正してゆくなかに覚め覚める、覚触《かくそく》百千万している姿勢です。

「一発菩提心《ほつぼだいしん》を百千万発するなり、修証《しゅしょう》もまたかくのごとし。しかあるに発心《ほっしん》は一発にしてさらに発心せず、修行は無量なり、証果は一証なりとのみきくは、仏法をきくにあらず、仏法をしれるにあらず、仏法にあふにあらず」（『正法眼蔵』発無上心）

上にいった坐禅中の覚触のことを、ここでは発心といわれていますが、とにかく発心百千万発のところに覚触百千万があります。覚触とはアタマで考えるのではなく、身をもって行ずる処に、「触を覚すること」あるいは「覚して触すること」です（具体的には拙著『坐禅の意味と実際』参照）。つまり坐禅の身構えはアタマ手放しする（自他の見をやめる）姿勢ですが、アタマ手放しにして眠《ね》てしまうのではなく、かえってアタマ手放しを発心百千万発しつつ覚触し直すこと――坐禅はただこれを実際に行ずるだけです。

それで仏法としての坐禅は、生《なま》のいのちが生《なま》のいのちすることであって、いつでも無常を実体験していることです。そこには無常の実体験だけであって、固定した何ものもありませんから、サトリという一物も在ることはできません。無智亦無得《むちやくむとく》です。

しかしわれわれ理性をもつ人間としては、肉体的生命が今の息を今息しつつ生きると知るように、生《なま》のいのちは生《なま》のいのちに帰り直しつつイキヅクものだと知り、そこに決定《けつじょう》することはできます。この今の息が今息しつつ生きるようなものだと認得することを道元禅師は一口に、眼横鼻直《がんのうびちょく》といわれます。そしてここに修行の道がキマルので、これを不退位といい、かく修行の道がキマッテこそ、本当の修行が始まるのです。われわれは本来このような生《なま》のいのちを生きていながら、生《なま》のいのちを修行するので「証上の修《しょうじょうしゅ》」といい、今の息を今息するなかに初めていのちが息づくので「修証不二《しゅしょうふに》」といいます。

道元禅師のいわれるこの証上の修、修証不二の教えこそは、釈尊が何より大事として教えられた波羅提木叉《はらだいもくしゃ》（別解脱）のこころを、われわれのために より分かりやすく、そしてより具体的に教えられたものといえましょう。われわれは事実、このような坐禅を実際に修行するなかに、確かに釈尊以来、仏祖正伝の坐禅が、コトバとしてではなく、行ぜられつつ、脈々と相続されてきていることを、事実知ることができます。

さて翻って、このような仏祖正伝の坐禅から、先に問題として取りあげてきた、ただ「信ずる」という一念においてさえ、われわれが出会う当為の矛盾の問題を見直してみるとどうであるか――その時キリスト教や仏教のそれぞれの語り口によって覆《おお》いかくされてしまっている信仰信心の、真実の在り方が、自己のいのちとして見えてくるでしょう。

大体、神の天地創造ということは、過去の一時期に行われた完了形のものではなく、いつも現在刻々、私たちが生きているなかに刻々働いている「ナマのいのちの力」（一心）なのだとは既に繰り返しいってきました。そしてこの生《なま》のいのちこそは「自他の見のやんでいる力」です。しかしその「二ではない一である生《なま》のいのち」を生きていながら、自他の見《けん》のため、二つに分けて固定させてしまい、そして堕罪しているのがアダム以来の人間なのです。

それで今この生《なま》のいのちの力により、二つでない生《なま》のいのちをネライながら、いま帰る宗教生活を教えられたのが、イエス様の「時は満てり、神の国は近づけり、汝ら悔い改めて福音を信ぜよ」のお教えです。「悔い改め」とは肉の念《おも》いを手放し悔い改めるのであり、この思い手放しのところに聖霊が降り「イエスは主なり」と信じることができます。しかし決して一度だけ悔い改めればいいのではなく、発心百千万発、悔い改め悔い改めてゆくところに「神の国に近づいてゆく」のです。

つまり「イエスを信ず」ということは、イエスの福音のなかにありながら、悔い改めつつ、無限に近づいてゆくことなのだと、仏祖正伝の坐禅を通してはっきりしてくると同時に、改めて「悔い改めよ、神の国は近づけり」といわれた、たった一言のイエス様のお言葉が、限りない深さのものであることがしみじみ味わわれてくるのでないでしょうか。

またもう一つ、念仏他力信心において、われわれが阿弥陀様のご本願のなかにありながら、しかも自分がそれからこぼれ落ちてしまうように思うのは何故か――これも仏祖正伝の坐禅から見直してみるとき、その原因が分かってくるでしょう。それは「ご安心」を自分より外にある向こう側の「観念的一物《いちもつ》」として、まず自分の前に置き、それをいま自分が手に入れたかどうかを見直すからです。

この自分が手に入れたかどうかと見直す限り、それはもはや絶対他力ではありません。既に自力根性を働かせているのです。そしてこの自力根性の手前には必ず絶対他力からは不合格が宣せられてあるのは当然です。

絶対他力は、これを既成品的一物として向こう側に置き、自分がこれを手に入れてニタッとしたい我欲（自力根性）の手前にあるものではありません。かえって「絶対他力信心」は発心百千万発しつつ「自分が、いかに自他の見のやまぬ凡夫であるか」と見直し見直し、しかし同時にこの「自他の見のやまぬ凡夫の自分それぐるみ」が絶対他力のなかにあることを悦《よろこ》び直し悦び直して、「絶対他力を深めてゆく」なかにのみあるのです。

しかしこのように発心百千万発、信心を深めてゆくなどといいますと、それこそまた、とんだ難行のように思われるかもしれません。けれど今は自ら結跏趺坐し、坐禅修行しつつするのではありません。既に五劫思惟《ごこうしゆい》のあげく、国土ぐるみ成道《じょうどう》された阿弥陀様のご誓願の真唯中に在って、ただその深さに向かって進むのであればこそ、老人にも病人にも、そして最後の死ぬときにさえ開かれてある無辺の光明の道であり、法悦の道なのです。

それに対し、もし既成品的なご安心やサトリという一物《いちもつ》を手に入れるという話なら、もはやそれを手に入れた以後は何もすることがなくなってしまいます。これは大変結構なことのように思われるかもしれませんが、いま時分のように長寿時代となってくると、かえってこれは問題となります。

それというのは、一昔前なら、大体六、七十歳までの間に「働きながら死ねる」のでした。しかし今のような長生き時代になると、私みたいに細々と生きてきた人間でさえ既に八十歳を越してしまうのです。とすると六、七十歳までの間に「働きながら自分は死ぬのだ」という予定でくると大きく目算が狂います。死ねずにしかも事実として社会的にはもはや葬《ほうむ》られ、そして自分自身の体力も精神力もすっかり弱りこんでしまった、この老いの長い時を、一体何を生き甲斐として いいか、分からなくなってしまうからです。「どうせ老後なのだ、生き甲斐などといわずにとにかく生きていればいいのだ」というのでは、「老いからくる呆け」とは別個に、それだけでもはや呆けてしまうのではないでしょうか。

早い話が「自分は坐禅しながら死ぬのだ」という勇ましい気持ちだけでできたならば、もはや坐禅できなくなってさえ、しかも死ねずに長生きすることになってしまうのです。それで若い頃からの続きで、ただ坐禅、坐禅と口でいい続けているとしたら、話は宙に浮いてしまうだけです。あるいは昔坐禅して到り得、悟り得た境涯を思い出しつつ、ニタッとしているだけなら、これもそれだけで呆けた老人になってしまうでしょう。

老いはきびしいものです。自分の生きる姿勢の歪《ゆが》みを、若いうちなら何とか体裁よく誤魔化して通れますが、老いてきたらもはや世間体を繕《つくろ》うだけの力はないと覚悟せねばなりません。自分が自分を偽《いつわ》れぬことはいうまでもありません。その点、本当に身体が思うようには動かず、心も朦朧《もうろう》としてきても、「絶対、行き詰まりのこない道」こそを早いうちから探求しておくべきです。

またこのことは「ご安心《あんじん》」についても同じくいえるでしょう。「自分はご安心をいただいているから極楽往生間違いなし」と思っているとすれば、今のような長寿時代の長い老後には、どうせ退屈してしまいます。そこでは「極楽という名の退屈地獄」に堕ちてしまっているからです。今の長生き時代では実際にそのようなことが起こっています。こんな人間一生の現実を見ればこそ、どうしても「サトリやご安心という一物を手に入れる話」のアヤマリは指摘されねばなりません。「長生きしたら行き詰まるようなサトリやご安心、そしてまた坐禅と念仏は相容れぬ別宗教とする職業宗教家の話は、結局、真実宗教の話ではないのだ」と。

いや私がこんなことを敢えて力を篭《こ》めていうのは、これはもはや決して他人事の話ではないからです。今もいうように、私自身老いの最終段階に足を踏み入れています。今後、まだどれだけ生きるか分かりませんが、こう老後の長い時に、もはや世間的には何もする仕事はなく、いや事実できなくなってから以後、一体私は何をもって生き甲斐とするか、について真剣に考えざるを得ないのです。

私はそれこそ今後せめてお念仏を称えさせていただくつもりでおりますが、そのお念仏の称え方は、どんなに年をとっても、やはり年寄りなりに生き甲斐をもって、いよいよ深めてゆくようなお念仏でなければならないと願っています。そうであってこそ本当の易行信心《いぎょうしんじん》の光明《こうみょう》であり、また本当に有難い救いの道であるといえましょう。真実の宗教は、われわれに安らいと同時に、真の生き甲斐を与えつつ、限りない進みの道でなければなりません。

十方仏土中《じっぽうぶつどちゅう》 南無仏

十方仏土中
これから洩《も》れ落ちる隙間《すきま》はないけれど

又これから趣き向かう処もないけれど
しかし十方仏土中
いくら老いても病んでも
べったり寝こんでも
生きて　意識があるかぎり
今日を生きる証拠《あかし》に
毎《つね》に自《みずか》ら是《こ》の念を作《な》す
いかに南無仏しつつ
自らのなかに
この十方仏土中の目を細かに
濃く深くしてゆこうかと

そうです。「坐禅において覚触《かくそく》百千万発しているこころ」は「自ら誓願に生きる菩薩が、毎自《まいじ》作是念《さぜねん》　以何令衆生《いがりょうしゅじょう》　得入無上道《とくにゅうむじょうどう》　速成就仏身《そくじょうじゅぶっしん》　と発心《ほっしん》百千万発するこころ」でもありますが、さらにもう一つ「念仏者が弥陀のご本願を信楽《しんぎょう》する一念を百千万発するこころ」でもなければなりません。

坐禅と誓願と念仏とは、仏法として同じこころであるべきであり、また確かに同じこころなのです。

それは決して百千万発の一発一念が不完全であるからではありません。「一称《いっしょう》南無仏《なむぶつ》、皆已《かいい》成仏道《じょうぶつどう》（ひとたび南無仏を称うれば皆已《すで》に仏道を成ず）」ですべて完結しています。そして完結していればこそ、この肉体的いのちが今の息を今息しつつ生きるように百千万発するのです。まこと、これこそが無常の法界《ほっかい》中にあって、無常を生きるいのちの在り方そのものなのだといえましょう。

また繰り返していいますが、これこそが釈尊の教えられる「波羅提木叉《はらだいもくしゃ》」のこころであり、またイエス様の教えられる信、愛、望《のぞみ》の「神の国は近づけり」のこころであり、道元禅師の教えられる「証上の修、修証不二」のこころです。

結着編

拈自己抄――結着編（第一回）

◆来るべき真の宗教時代を開くために

天文暦数医方などは、早くから地球上各地に散在して開けた各文明発祥地において、それぞれの仕方で研究開発され、それぞれの形で発達してきました。しかしいつしか地域交流とともに互いに学び合い流通し合いながら、その地域性は是正されつつ、今やわれわれの前にはたった一つの人類の知識体系、文化となって伝わってきています。それに対し仏教とキリスト教は、今日のわれわれから見れば、あまり遠からぬ時代、そしてあまり遠からぬ地域で創始された宗教でありながら、全く一つとなることはなく、かえってそれぞれが東と西の別方向に流伝《るでん》して、それぞれ東洋人西洋人の心を捉えて歴史を動かしてきました。

両者は紀元二、三世紀頃には、確かに接触した時代もあったと思われますが、それさえ定かに語られぬまま、全く別存在として今日に到っています。それというのもそれぞれが教祖の絶対的教えという形であるため、たった一つの地球上人類の文化としてはみられず、かえっていまだに厳然たる宗教的教条教権という甲冑《かっちゅう》で固められてあるからです。しかし地球上交流が全く自由になってしまっている今の時代のわれわれとしては、それこそ謙虚に学びつつも、仏教、キリスト教のいずれも、「自己のいのちの根本問題についての教え」という点で、同じ地盤にある文化としてみることが許されていいのでないでしょうか。

その「自己のいのちの根本問題」とは何か――既にこの「拈自己抄」後編の始めの処で述べましたが、一口にいえば生死《しょうじ》問題です。これを具体的にいえば、われわれは誰でも「必死の生存本能をもって生きて」いながら、しかしまた誰でも「例外なく絶対事実として死んでゆかねばならぬ」――そういう「絶対矛盾の狭間《はざま》に生きる自己をどうするか」という問題です。仏教とキリスト教は確かにこの問題の看点からわれわれに真実の生き方、死に方を教えてくれる、普遍的宗教という点で通じています。

ただし、ここでちょっと一言《いちげん》しておかねばなりませんが、現在われわれの前にある仏教と名乗る教団、あるいはキリスト教を名乗る教えのそのままがそうだというのではありません。仏教もキリスト教もそれこそ歴史的にも、現代社会存在としても、到底一口にはいえぬ巨大存在です。そしてまた、その名を冠しながら全く堕落腐敗している面もありますし、全く異質な詐欺的集団がその名を名乗っていることさえあります。そんなものまでも含めて仏教・キリスト教の形態を一口にいうとすればナンセンスです。

いま私が仏教、キリスト教を普遍宗教というのは、上にいう「宗教の本質問題」である、「自己のいのちの根本問題についての教え」という一点に絞り、この看点から仏教、キリスト教の本質を見直してきていうのです。そしてそういう意味において、確かに両者はいずれもただ自己の真実の深さを教える宗教だということができます。

そしてなお、こういう意味からいえば、現在地球上に存在する真実宗教は何も仏教、キリスト教の二つだけに限らないかもしれません。例えばイスラム教、ヒンドゥー教などについても、こういう看点から、さらに見直されるべきだと思うのですが、今はせいぜい私の一生においてなし得る範囲として、まずこの二つだけを取りあげ、とにかく宗教をそういう看点から見直す道を切り拓こうとしているだけです。

その他、従来、宗教といえば、人類には太古から各地各民族にさまざまな原始宗教が存在してきていることも衆知のところです。しかしこれらの原始宗教といわれてきているものは、いま上に述べたような「生死問題をはっきり見据え、この看点から宗教を定義づける目」から見てみれば、すべて宗教以前のものであるとしかいえません。というのはいわゆる原始人たちは、人間のいのちが何か絶対矛盾のなかにあることを潜在意識的に予感しつつ、しかしそれが一体何であるかをまだはっきり意識的に言い表わすことができませんでした。そしてただ自分が何か不安な

「依り処のないいのち」を生きていることだけを感じつつ、われらのいのちの底には「自分以上の力」「カミ」の力が働いているのだとしたのです。

そしてこの「カミ」について手探りしつつ、思いつくままに神話を語り、個物的神や、それに捧げる宗教儀式や宗教行事、禁戒などを決めていきました。しかし根本的に本質問題を明らかにしていないので、すべてが全く的外れであるばかりか、社会的にはグループ呆けの窠巣《かそう》となりやすく、古来から現在に到ってもなお、戦争といえば常に「神の名」が登場することになってしまっています。そうしたことになるのは、それらが宗教的本質問題を、はっきり捉えぬまま、ただ社会的大衆の行動力ばかりをつけてしまっているからです。

いや現代でも、今や全く原始的未開幼稚にかえってしまった人々の間では、いまだにこの程度のものが新興宗教とか、新宗教とかいう名で呼ばれつつ流行しているのはご覧の通りです。しかしこうした類《たぐ》いのものは、いま宗教の本質的根本問題をはっきり自覚した目で見てみれば、すべて宗教と呼ぶべきではなく、全くの淫祠邪教迷信として、はっきり真実の宗教から区別されなければなりません。その点、例えば大昔では祈祷師を招き祈ってもらうことにより、病気を癒したからといって、今の時代でも祈祷師の祈りを、医学の一分野に列するとしたら、とんだナンセンスでしかないのと同じです。

私は以上『拈自己抄』の話のなかで、まず人間のいのちの絶対矛盾をはっきり言い表わすとともに、こうした淫祠邪教迷信の類《たぐ》いを、本当の意味の宗教から画然と排除する道を開いてきたつもりです。

そしてまた同時に、この人間のもつ絶対的根本矛盾を、自己より外の向こう側に置いて、単なる客観的問題として眺めるのではなしに、どこまでもその矛盾のいのちを生きている「当の本人の目」として、仏教、キリスト教に出会いつつ、そして学ぶ道を切り拓いてきたのが、以上の『拈自己抄』の話でした。

そうです。大体、真実宗教としての仏教、キリスト教である限り、これを今の「自己の人生の切実な根本問題」と関係なく見るような態度は全く無意味です。ところが現在のほとんどの仏教、キリスト教の僧侶、聖職者、仏教学者、神学者たちは、そういう自己の問題とは全く関係なしに、仏教、キリスト教を「絶対権威」として祭り上げています。あるいは、あたかもそれを過去の文化を収蔵する博物館の陳列棚に置いてみてしまっています。そうすることにより、彼らは安易にその権威の下に寄生することができるからです。つまりそういう出会い方をすることで彼らは安穏に仏教、キリスト教を自分の世渡りのメシのタネにしているのです。但しそうすることで、仏教もキリスト教も彼らのメシのタネにすることはできますが、その代り、そこではもはや絶対に彼らの生死するいのちの糧《かて》にならぬことはいうまでもありません。

今や真実宗教としての仏教もキリスト教も、こうした種類の宗教者や学者たちに巣食われて、全く宗教としての命脈を失いました。そしてそれが二十世紀という無宗教時代を現出させた最大要因であるとせねばなりますまい。宗教は科学時代によって影が薄くなったのではなく、かえってただこうした獅子身中の虫どもに巣食われて力を失ったのです。

人間にとって宗教が無くても済むのなら、もちろん無宗教時代も結構です。しかし人間自身が生きる限り、自ら好むと好まぬとに拘《かか》わらず、また肯《うべな》うと肯わぬとに拘わらず、誰も彼も全く普遍的に「必死の生存本能をもちながら」、しかし「死なねばならぬ絶対事実あり」「この絶対矛盾のなかにわれわれいま人間として生きている」のです。この絶対事実は――たとい自分自身が気づこうと気づくまいとに拘わらず、誰の心のなかにも秘められており、これが機《おり》をみては疼《うず》き出します。

早い話が、それは今の現代社会でもあるいは「ストレス」という形で、あるいは「欝《うつ》」とか「ノイローゼ」などという形で、さらにあるいは「何とか症候群」などという形でも流行しているのでないでしょうか。いやそればかりではなく今の日本の高齢化時代では、宗教をもたぬ老人たちは全く「呆ける」より外なくなっています。というのは若い頃から働くことと遊ぶこと、名利追求だけを生き甲斐とし、それだけで生きてきたあげく、今やそれらいずれもできなくなり、しかも死を目前にした、老後の長い日々を一体どう過ごしたらいいのか。彼らはせめて呆けたいと潜在意識的に願いつつ、呆けを自ら呼びこむ節《ふし》があるからです。つまり今は無宗教時代であるとはいえ、相変わらず原始宗教を発生せしめる要因や兆候は誰のなかにも蔵されてあるのです。

ところが今や釈迦やイエスという偉大な古人が、せっかく残してくれた教えは、その伝統的命脈を失って久しく、実際には働いておりません。それで科学技術時代といわれる現代においていまさらながら、全く原始人よろしくの幼稚未開な魂の人たちは、これを淫祠邪教迷信オカルトの類いに、その不安の依り処を求めるのです。そういう需要のある処、詐欺師的供給者も現われるわけで、結局そういう詐欺師たちに引きずり廻されつつ、現代人はまた原始宗教そのままの淫祠邪教迷信オカルトの類いの段階から、模索し始めねばなりません。これが今の時代において横行する異様な逆行現象の正体です。

いやこうした仏教やキリスト教という巨大な歴史的宗教の残骸を引きずりながら、一方原始宗教さながらの新宗教が併存する異様な光景は、単なる二十世紀の世紀末現象として見逃がすこともできます。しかし今や現代が直面しているのはもっと深刻な事態です。それはいうまでもなく人口の爆発的増加、資源枯渇、環境汚染など、どれ一つとっても、もはや単なる技術的解決をなし得る問題ではありません。もちろん、それは技術的にも工夫開発し、それを切り拓く努力はなされるべきですが、しかしこれらを根源的に乗り越えるためには、人間の生き方を根本的に変革するような個々の人間自身の目覚めがなされねばならぬでしょう。

早い話が、今のように自分の欲望追求だけを生き甲斐としているエゴの塊《かたまり》でしかない人間の人口大爆発であれば、地球の一切を犠牲にしても足りないでしょう。欲望は限りがなく、資源には限界があるからです。そしてついにはすべてを白蟻が食い荒らした土台のようにボロボロにしてしまったあげく、その廃墟のなかで人間自身も亡びてゆくより外はないでしょう。

もしこれを根本的に乗り越えて人類が本当に生きのびるためには、単に利己的欲望満足をもって生き甲斐とするような、低い心貧しい次元の生き方を高めて、人間として真の生き甲斐に目覚める生き方をする以外にはありません。そうでない限り、このいま人類が深刻に直面している問題に対する根本的超克はありますまい。そしてそうでなければ二十一世紀以降の人類は生きのびる道が見出されないところまで来ています。

そういう意味で二十一世紀以降は、どうしても真の意味における「新しい宗教時代」が開かれてこなければならないのであり、そういう真の宗教時代を切り拓く端緒《たんしょ》の一端と思って、仏教、キリスト教を、自己のいのちの問題として学ぶ道を述べてきたのでした。そしてまた、そういうつもりで以上話してきたことを以下まとめておきたいと思います。

拈自己抄——結着編（第二回）

◆普遍の道

さて以上の話は、どこまでも「自己」を根本地盤として仏教、キリスト教を見てきたわけですが、最後にこの「自己」というコトバについて一言申し上げておかねばなりません。実は私は「自己」を一生にわたり追求してきているわけですが、私のいう「自己」は始めからいってきているように、釈尊のいわれる「自己の依り処は自己のみなり、よく調えられし自己こそは真の依り処なり」の自己であり、道元禅師のいわれる「仏道をならふといふは、自己をならふ也」「拈百草《ねんひゃくそう》は拈自己なり、拈万木《ねんまんぼく》は拈自己なり」の自己です。

ところがこのような意味の自己というコトバは、今の欧米人には全く思いもよらぬ用語法のようです。——というのはふつう自己という日本語は、例えば英語ではセルフとかエゴとかと訳されますが、これらセルフやエゴは、いずれも仏教の自己には当たりません。セルフといえば意識的自己をいい、エゴといえば利己的自己をいうわけですが、しかしいずれも今いう仏教の自己ではないからです。

ではそういう意識的自己でも利己的自己でもない仏教でいう自己とはどんなものか。――一口にいえば「思いで煮たり焼いたりする以前の生《なま》のいのちを生きる自己」です。これをもしキリスト教的なコトバで表現するならば「一（不二）なる神の創造力そのものを生きる自己」とでもいう意味であるわけですが、そうした「思いで煮たり焼いたりする以前の生《なま》のいのちとしての自己」を、西欧人は取りたててコトバとして言い表わしてこなかったのです。そして今の欧米人は専《もっぱ》ら、既に思いで自覚した以後の「意識的自己」だけを自己としてきています。

しかし実際として、われわれは決して意識ばかりのなかで生きているのではありません。われわれの意識的自己の底には、意識以上の生《なま》のいのちが働いていなければならないからです。これを分かりやすくいえば、毎度いうごとく、われわれは眠りをもつことによって初めて意識的にも生きることができます。早い話、いかに超人的な人でも日に数時間は眠るでしょう。そしてそのすべての思いを手放して眠っている間にも、一分間にいくつの割で呼吸していればこそ、死んだのではなく生きていて、それで目が醒めまた思い（意識）が働き出すのです。

その時、生《なま》のいのちは、いま目醒めた意識とともに、その意識対象としての世界を意識の前に展開してみせるでしょう。それでこのいま目醒めた意識は、一方ではその前に展開する世界に対し能所関係に立ち、さらにもう一方では眠る以前の過去と、いま醒めた現在の意識との間に継続するものがあるという統一関係に立って、われわれはセルフを自覚するのです。それで眠りから醒め、「自分は死んだのではなく、眠っていたのだ」という、ただそれだけのことのなかに、既に眠り、思い、生、死、自分、他世界など、すべてが意識的となります。しかもこのことなくして今の意識は成り立たないのです。つまりわれわれの意識的自己が過去から現在に繋がるというのも、このような「思いを手放した眠りのとき」が事実挿入されていればこそなのであります。ところが西洋人の考える自己《セルフ》は、そういう「眠っているときにも休まず働いている生《なま》のいのち」をすべて切り捨ててしまい、ただ意識的覚醒時だけを飛び飛びに抽象統一して自己というのです。

これに対し、仏教でいう「自己」はそういう意識的自己の自覚の底に働く「生《なま》のいのちぐるみ」を「自己」といいます。すべてをひっくるめているのが仏教の「自己」です。それで仏教の「自己→自心→一心→一心一切法、一切法一心→仏法」なのであり、これが私のいう「生《なま》のいのちとしての自己」です。こういう意味の仏教でいう自己に相当するコトバが、今の欧米人にはないのです。少なくともヘレニズム的西洋のなかにはありません。

なお、このような自己（自心、一心）の畢竟帰《ひっきょうき》（つまり帰する処）を仏教では「仏」といいます。それは「生《なま》のいのちの創造力」そのものを神とするキリスト教において、その「神の根本意志」「神の言《ことば》」を「独り子イエス」とするのに対応するでしょう。それで一口にいえば結局われわれはいつも生きている限り、意識的自己だけを表に立てて生きているわけですが、実はこの意識的自己において最も大切なのは、その底に働いている「生《なま》のいのち」（仏法、神の力）なのであり、この生《なま》のいのちに根づいた生き方、死に方をすべきであると教えるのが「畢竟帰としての仏」の教えであり、また「神の言としてのイエス」の教えなのだということができます。そしてその生き方としての根本方向は、仏教でいえば一切衆生の悩み悲しみを、わが悩み悲しみとする「大悲《だいひ》の誓願の生き方」であり、キリスト教でいえば、すべての人と「不二のいのちを生きる愛の生き方」です。

しかしそれにしても、このような凡夫の私（肉の念《おも》いの自分）が果たして生《なま》のいのち（霊的いのち）に従った生き方ができるかどうか――ここに宗教的実践としての信《しん》、行《ぎょう》の問題が浮かび上がってこなければなりません。つまり「肉の念《おも》いの自分」（アダム的自己）がいかに「霊的いのち」を生きることができるか――これが先にも述べた最後の最後までわれわれに食い下がってきた当為の矛盾であり、それは結局肉の念《おも》いでみる限り乗り越えられぬ矛盾でした。

しかしこれに対し「自他の見をやめて学する」とき、実はわれわれは「二つではない、一である生《なま》のいのち」（一心、神の力）において生きている事実を覚触《かくそく》します。さらにいえば「これを覚触しようと覚触しまいと、絶対事実として『二つでない一なる生《なま》のいのち』（一心、神の力）に生きている」のです。――この根本事実をいま信行《しんぎょう》実践することが、信仰信心であり修行というものです。

このことは、もはやコトバや理屈で言い切れることではありません。事実「やる」以外にはないのですが、いま敢えてこれの実践がどういうことかをいうとすれば、それはわれわれ東洋人の「拝む」行動において、その象徴的姿を見ることができるでしょう。われわれが使っている「拝」という漢字は合掌の形そのままに、手偏に手の字を書きます。いま「二つでない一である生《なま》のいのち」が二つになってしまうのは肉の念《おも》い（アダム的自己）を持ち出すからでした。しかしこのアダム的自己さえも実は本来神の力によって初めて成るものです。今はそのアダム的自分が事実「拝む」という行為で、この神の力（生《なま》のいのち）によって「二つでない一なる生《なま》のいのち」（神）を拝む――そこにいま事実「生《なま》のいのち」が「生《なま》のいのちとして帰る」事実が現出し、また「二つでない生《なま》のいのち」が現成するのです。

「神は霊なれば、拝する者も霊と真《まこと》とをもて拝すべきなり」（ヨハネ四の二四）

宗教としての信行《しんぎょう》は実にこの「拝む」行為一つに尽きるのではないでしょうか。「自他の見をやめて」拝むのであり、「悔い改めて」拝むのであり、「思いを手放して」拝むのであり、「祇管《しかん》」拝むだけです。

仏教でもキリスト教でも、その宗教的修行あるいは宗教的儀礼はいろいろに説かれ、行われてきています。私個人としていえば一生を通じて道元禅師の教えられる祇管打坐《しかんたざ》を生きた人間なので、当然、祇管打坐をもって仏道（拝む）の正門《しょうもん》とし総門としているわけですが、それなればこそ宗教の行や儀礼は実はいずれの形態であってもいいのだと思うのです。結局大切なのは、

㈠　仏といい神といいますが、その仏や神をただ混沌感情をもって単なる「権威」として祭り上げずに、かえって先ずわれわれが今、事実それを生きている「不二《ふに》の生《なま》のいのち」であることを知るべきこと。

㈡　そしてこの「不二の生《なま》のいのち」（仏、神）を、「いま私自身が生きている、不二の生《なま》のいのちをもって」「拝む」こと。

㈢　そしてあたかも右手と左手を合わせて一つの拝む行為をするように、いま「拝まれる不二の生《なま》のいのち」と「拝む、この不二の生《なま》のいのち」を合わせ、ここに「拝まれる、拝むの二つがない、生《なま》のいのち」を現成することです。

この根本的「信心《しんじん》不二《ふに》、不二《ふに》信心《しんじん》」（『信心銘《しんじんめい》』）のこころをもってする限り、その宗教的信行《しんぎょう》の様式はいろいろであってもいいのです。これを譬えれば、人間的生理的いのちは、栄養素を摂《と》って初めて生きることができます。しかし「栄養素そのもの」という食物は存在しません。われわれ人間は地球上それぞれの地域で、それぞれの地域なりに手に入るさまざまな食物、例えば米、麦、雑穀、とうもろこし、芋類や魚肉、獣肉、果物などを食しつつ、それから栄養素を摂って生きるのです。それと同じようにわれわれは坐禅ができる若い時代は、精一杯坐禅すべきです。し

かし坐禅できぬ病人、老人となったときには、それなりの宗教生活を考えてするべきです。これに対し坐禅でなければならぬといえば、それは病人老人を排除した宗教といわねばなりません。

そうではなく普遍的宗教としては、坐禅できなければ念仏を称えてもいいのだし（「一称南無仏皆已成仏道」）、ただ手を合わせて拝む（「安禅合掌」）だけでもいいでしょう。あるいは聖体拝《せいたいはい》領《りょう》させていただくだけでもいいのです。問題は「不二の生《なま》のいのちをもって」「不二の生《なま》のいのちを拝み直す」一事です。

その点、来るべき時代に、真の宗教時代を切り拓くためには「仏教でなければ」「キリスト教でなければ」というのであってはならないのだと思います。あるいは「坐禅でなければ」「念仏でなければ」というのでもあるべきではありません。地球上人類はあまりにも数が多く、あまりにも多様であり、またあまりにも複雑です。とても一つの形でまとめあげるなどということはあり得ないでしょう。

それでいろいろな形であっていいわけですが、信仰信心修行、宗教生活などのネライとして本質的に、かつ根本的に大事なことは、今いう「生《なま》のいのちをもって、生《なま》のいのちを拝み直しつつ生きる」という一事だけであることは見失ってはなりません。

しかもまた、すべての人がみな自己のいのちの真実から考えて、このような「生《なま》のいのちをもって、生《なま》のいのちを拝み直す」という本筋を真っ直ぐ理解し行ずるに到るには、それこそ長い時間がかからねばならぬでしょう。いや人類は一貫して成長進化するのではなく、世代交替しながら相続するのですから、いつの時代でも行きつ戻りつしながら、下手をすれば退化してしまいます。そういう多種多様複雑な人類のために、仏教もキリスト教もそれこそさまざまな修行の仕方や儀式なども展開してきているのです。

ただ、ともするとそういうさまざまな形態の末端の末端でしかないことに絶対的権威を被《き》せて力こぶを入れる人が出てきます。そうすることによってこれに寄生し、おのが生業《なりわい》が保証されるからです。そしてその末端の末端を飾り立て、派手に世間に誇示し大衆をよせ集め、グループ呆けの下地をつくり、さらにはその勢力を利用し戦争にまで発展させてしまうことが従来、宗教の世界にはあまりにも多すぎました。いや決して過去形の話ではなく今日地球上の各地でなお、これは展開されている現実的事実です。

それで私は宗教的信行《しんぎょう》の形態がいかなる形であってもいいとするものですが、その信行の根本的本質点が上に述べた「生《なま》のいのちが生《なま》のいのちを拝み直す」という一事であることだけは、せめて僧職や聖職にある人々が充分心得て、その心をもってそれぞれの宗教を指導してほしいと希《こいねが》うものです。それでその根本を明らかにするために、私は以上、最も具体普遍の地盤である自己から出発し、真にそれの根底にあるものを語ってきたのでした。

その点「自己」こそは最も個別的概念であるわけですが、同時にすべての人が一人称単数としてみな「自己」である点において、あらゆる人に通じます。それなればこそ「自己」は最も具体普遍の地盤です。

早い話が、この生《なま》のいのちを生きる「私」「自己」は、これから若々しい力をもって世に働く人でもありますが、同時に「自己」は一生障害を担《にな》って、世に働くことのできぬ障害者や病者でもあり、さらにまた、あとはただ死を待つだけの老人でもなければなりません。そういうあらゆる人の「自己」に通ずる「自己の生き方、死に方」の教えなればこそ、普遍的宗教であることができます。

それで真実宗教の道は、若くてこれから働く人、あるいは現在働いている人たちには、どんなに働いても社会的全体として絶対行き詰まりのくることのない、大悲の誓願の道、愛の道を教えるでしょう。それに反し、いくら美しい立派な言葉で煽動されようと、例えばナチスの道や共産主義の運動などは、ヒットラーやスターリンのような人間的魅力と実力をもった人の手にわたればわたるほど、その被害をうける人の数は甚大《じんだい》となります。それというのはそれは普遍性をもたぬ、民族主義や階級主義の道であり、野心の道でしかないからです。真実宗教の道は決してそういうことはなく、その道が行われれば行われるほど、すべてが利益する福音の道でなければなりません。

また、真実宗教は働くことのできぬ病人や老人には真の慰めを与え、既に死だけが目前に残されてある人には、次回に述べるような「永遠の道」により、死の前にも絶望せぬ生き甲斐と安らいの道が与えられるでしょう。老病死はどこまでも老病死であるわけですが、しかしそのなかにありながらマッサラな生《なま》のいのちとして拝み直す限り、そこにはたちまち生《なま》のいのちが現成するからです。

「この人の盲目《めしい》にて生まれしは、誰の罪によるぞ、己《おのれ》のか親のか」……「この人の罪にも親の罪にもあらず、ただ彼の上に神のみ業《わざ》の顕《あら》われん為なり」（ヨハネ九の二、三）まことに「不二の生《なま》のいのちをもって、不二の生《なま》のいのちを拝む道」こそは、あらゆる人が信《しん》行《ぎょう》することができ、また信行してもいい「普遍の道」です。

これに対し、今どきその辺の新興宗教や新宗教の「信ずれば癒る」「信ずれば幸福になる」などという売り文句に釣られた人たちは——しかし人間最後は絶対必ず死なねばならないのですから——その自分の死のときに際しては、全く裏切られた思いと同時に、深刻な不安恐怖の夢を見ながら死んでゆかねばならぬでしょう。

本当にたったこれだけの単純なことが分からずに、今どきなお、そうした淫祠邪教迷信に引きずり廻されている人たちが多いのは一体どうしてでしょう。来るべき時代には、ぜひ真実の宗教が本当に誰にも納得されるようによく説かれ、広くゆきわたる「新宗教時代」を来らせねばならぬとのみ誓願している次第です。

拈自己抄――結着編(第三回)

◆永遠の道

従来仏教でも キリスト教でも「仏法」とか「神」といえば、ただ有難い存在として語られるだけが普通であって、具体的に「それがどういうものか」は全くいわれてきませんでした。それに対し私は「それが自己にとって何であるか」を問いつつ一生をかけて追求して来、結局「思いで煮たり焼いたりする以前の生《なま》のいのち」という表現をもってきたのでした。そしてさらにこれをもっと身近に知るために――思いを手放し眠っているときも、一分間にいくつの割でちゃんと呼吸している力であり、目醒めているときに次から次へと私のアタマのなかに思いを浮かばせてくる力なのだ、ともいってきました。ところでこのような「生《なま》のいのち」そのものは、ふつう意識(思い)を表に立てて生きているわれわれにとっては「無限に近づく」ことはできても、「絶対到達し終わることのない深さ」として現われます。もし「到達し終わった」と思いで割り切ったら、それは既に思いで処理した物でしかなく「生《なま》のいのち」ではないからです。「思いの湧き出てくる根源としての生《なま》のいのち」は「思われたもの」（思いで煮たり焼いたり加工処理したもの）のなかには絶対あり得ぬのでなければならないのです。

しかもこのような「生《なま》のいのち」の在り方は意識的自己の内の深さに向かってばかりではありません。同じように意識的自己が見る外の方面にも、無限の深さとして現われます。それはキリスト教的ないい方でいえば、「神（生《なま》の創造力）の御手」に成る「自然」です。仏教的にいえば「一心一切法、一切法一心」の「一切法」の面に当たるわけですが、しかしキリスト教も仏教も、この面について取りたてて追求する、自然探求の道は切り拓いてはきませんでした。

この面を取りあげ自然探求の道を開いたのは古代ギリシャの自然哲学者たちです。彼らの関心は常に、あらゆる人間の見方を剥《は》ぎとった純粋客観の自然であり、だから彼らのテーマはいつも「自然について《ペリ・プューシス》」でありました。そしてこの自然探求の精神を受け継ぎ、その方法的道を切り拓いたのは近代以降の自然科学でした。以後それは着々とその成果をあげてきているわけですが、それにしても自然科学も、自然に「無限に近づく」のみで「到達し終わる」ことのないのは、内に向かう「自己」の場合と同じです。つまり「生《なま》のいのち」は「人間意識を表に立てて生きる人間」にとって、内にも外にも限りない深さとしてのみあります。これに対し今の日本の科学者のなかには、自然科学で何も彼も分かってしまうようにいう人もあり、従って世間の多くの人々もそのように考えているわけですが、それは「生《なま》のいのちの在り方」について全く知らないからだといわねばなりません。同じように宗教的神秘直観やサトリをもって、すべてサトリ終わってしまうかのように説く宗教家や思想家たちもいるわけですが、これも「生《なま》のいのち」の在り方を知らぬからだといわねばならないでしょう。「生《なま》のいのち」（一心一切法、一切法一心、神）は人間意識にとっては、内（一心）にも外（一切法）にもただ無限に謙虚に近づいてゆくことが許されてあるだけだということを忘れるべきではありません。

自己と自然

生《なま》のいのちは
それを生きる当の本人　私にとって
無限に届かぬ　絶対主観
恰《あたか》も私の生きた生《なま》の目は見るばかりで
私自身に絶対見られぬように
その無限に到達できぬ　絶対主観を
自己という
生《なま》のいのちは

それを客観的に見ようとすれば
無限に届かぬ　絶対客観
飽くまで客観的に記述しようとしても
それを記述する人間主観は必ず残る故
この無限に到達できぬ　絶対客観を
自然という

人間意識にとってつかみ切れぬということが無限という意味であり、終わることのないのが永遠という意味です。その無限永遠のいのちのなかにありながら、無限永遠にどこまでも追求し近づいてゆくなかにこそ、無限永遠の生《なま》のいのちは、現成《げんじょう》してゆきます（現在が現在に成ってゆく）。そうです。ここに初めて「如来寿量《にょらいじゅりょう》」「久遠法身《くおんほっしん》」（仏教）、「永遠の生命」（キリスト教）とかいう宗教的言葉も、自己にとって具体的にどういうことなのかも見えてくるでしょう。その点、従来仏教でもキリスト教でも、こうした「久遠法身」「永遠の生命」という言葉についても「それは一体何か」と素直に問うことさえも許されぬような雰囲気をもたせてきました。それで古来それは問われぬまま、これもただ有難いものとしてきただけでした。そして今どきともなってみれば、それはどうせ宗教的虚構のコトバでしかないとして、改めて「それは何か」と問う気さえもなくしています。もちろん「それは何か」と問い、「それは斯《か》く斯《か》くである」と、個物を指し示すように答えられるものでないことは当然ですが、それにしても全く単なる「宗教的虚構」として決めこんでいいものではありません。

というのは私自身、既に現在満八十歳を越えて、いよいよ老いの最後の段階に入ってきて、改めて昔からいわれてきた「永遠のいのち」などというコトバでいわれているいのちの深さが、われわれ人間の生き方において、いかに究極的であり、かつ救いであるかが、初めていささか味われてくるようになってきたからです。おそらく以下の話は、いま若くて元気でおられる方々にはもはや「到底ついてはゆけぬ老耄《ろうもう》者の話」のように思われるかもしれません。しかしもし貴方が突然不治の病の宣告をうけたり、あるいはべったり寝こんで再起不能となったり、さらにあるいはいずれ来る老いの最後を迎えられるようになったときには、かえってこれこそが何ものにも代え難い、切実な現実の話として浮かび上がってくるかもしれません。――いや、このように「かもしれません」などというい方をするのは、それは決して「そこに在る」ような話ではなくして、かえって、その人その人が味わう深さにおいてのみあるのだからです。――とにかくそんなおつもりで心のどこかに留め置いておかれるといい、と思います。それで以下の話はじっくり味わっていただくつもりで、また例の詩みたいな形で書くことにいたします。

永遠のいのち

現《うつ》し世に
もし絶対ということがありとせば
それは必ず死ぬということがありとせば
だが同時に我れには
必死に生きたい生存本能の事実あり
この生と死の絶対矛盾の
狭間《はざま》に立つ自分のいのち
この生死問題を問いつづけつつ
謙虚に古《いにし》えの道を学ぶ処に
初めて求道《ぐどう》あり

この自分の生死問題と関係なしに
古えに永遠いのちの道ありとして権威づけ
その世間的権威の下に道を学び
またその権威を嵩《かさ》に道を切り売りするのは

求道者のなす処ではなし
そこでは道が彼の生業《なりわい》にはなり得ても
自己自身の生死の力にはなり得ぬ故に

永遠不滅といって
いまこの生死するいのちを離れ
何処か彼方に既成的世界が在るのではなし
また死後人間霊魂が　時間的永劫
　何処かに浮遊する話でもなし

却《かえ》って今と永遠が二つに分かれる以前《まえ》
滅と不滅が二つに分かれる以前
生と死が二つに分かれる以前
自分と世界が二つに分かれる以前
迷悟善悪正不正などすべてが
　二つに分かれる以前

つまり思いで煮たり焼いたりする以前の
不二の　生《なま》のいのちこそ永遠のいのち

いま人間的思いの働く
　範囲内だけが総てではなし
人間的思いの働く以前
　――私がいま思うなかにも働き
思い手放し　眠る時にも働き
　私が生まれ生きるなかにも働き
　　死ぬなかにも働く力こそ
永遠のいのち

こんな永遠のいのちが如何なるものか
それは人間的思いの中には入り切らぬ故
それが思いで知られるものでなし
だが私が斯《か》く考える中にも

いま事実働いており

こんな不二の生《なま》のいのちの力こそ
事実私が生死するすべての根本
また最高価値として拝むべきご本尊
そして又常にこれの畢竟《ひっきょう》的深さを
　何処までも生き甲斐をもって
　求めて進むべき根本方向
更に又それは畢竟の落着き安らい処

この不二永遠の生《なま》の御いのちに対し
今此処《ここ》　生《なま》のいのちをもって
　恰《あたか》も右手左手を合わすように拝み
不二の生《なま》のいのちとして
　拝む拝まれるの二つなきことを覚触《かくそく》す
それは丁度自動車運転において

　考え事運転　居眠り運転から覚め覚めて
刻々出会う生《なま》のいのち風景に
はっきり生《なま》のいのち運転してゆくようなこと

斯く生《なま》の生死において
　生《なま》のいのち運転をねらい
　生《なま》のいのち運転してゆくに
合格　不合格をいう余地はなし
生《なま》のいのちは
　生死不二　心法不二　身土不二
　自他不二　能所不二　思眠不二
　迷悟不二　拝む拝まれる不二
ただこの不二　生《なま》のいのち覚触のなか
永遠の御いのちに近づくのみ
　「十方仏土中」
「われら神の中に生き動き又在るなり」

ただこの地盤から出直し拝みつつ
これを無限にわが生活の隅々《すみずみ》にまで
　目を細かにゆきわたらせ
　濃く深くしてゆく営みのなか
自己は永遠の御いのちに安らいながら
永遠の御いのちに近づき進む

この拝む生《なま》のいのちの深さこそ
生死に働く大心　老心　喜心の深さ
又生死に働く信　愛　望の心の深さ
それは生《なま》のいのちを生きるこのわれの
自己完結してゆく祈りの姿

求道し求道し永遠に求道し
拝み拝み永遠に拝みつづけてゆく処
永遠のいのち現成す

無限永遠に滾々《こんこん》と今湧き出づる
いのちの泉に生きるこそ
永遠の生《なま》の御いのちなる故に
畢竟何をもってか永遠のいのちとなす
良久《りょうきゅう》していわく
〝十方仏土中南無仏〟

拈自己抄——結着編（最終回）

◆息づき生きる

先に「永遠のいのち」について一応の話を申し上げた次第ですが、さらに重ねて別の角度からもう少し具体的に申し上げることにいたします。

私は最近ある方から次のような手紙をいただきました。

「突然質問の手紙を差し上げることをお許し下さい。私はこの頃ある出来事に出会い、つくづく考えるようになりました。人間の高度の精神作用も、神も仏も、みな人間の脳という小さな物質のなかの出来事でないか。脳が死んだり、あるいは事故に出会って脳が破壊されれば結局は人格喪失者となったり、植物人間になったりしてしまいます。しかもこれは、われわれ健康者にも実はいつ起こるか分かりません。不生不滅といっても永遠の生命といっても、脳が働いていればこその話で、いったん脳が破壊されれば結局すべては終わりとなってしまうのではなかろうかと思うのです。この考えは間違いでしょうか。云々」
――ここに敢えてこの質問の手紙を挙げたのは、これは何もこの質問者ばかりではなく、現代の大方がこのように考えているのではなかろうかと思うからです。私も先ごろこんな詩を書きました。

挽歌
死ぬとは
御苦労様でしたと
自分で自分を犒《ねぎ》らいながら
自分の終止符を打つときだ
そのときどんな狂い死に
藻《も》掻《が》き死にするにしても
それこそほんとに御苦労様でした
今や終わりました　と

「人間の一生」というのは結局これだけが決定的なことであり、また、ただそれだけのことだと、私も考えています。

しかしこれは「人間の一生」を第三者として外側から見ればこその話で、今こんな「人間の一生」を「自己の人生」とし、「それを生きる当の本人」として見るとき、そこには全く別の世界が開かれてあるでしょう。例えば路傍のアスファルトの割れ目に生えている草などは、温室で育てられている植物とは違って、いつ踏みつけられても、抜かれてもかまわないような恰好をしています。しかしそれはただ、外側から見ただけの話であって、やはりその草自身としていえば、彼なりに必死に今を生きぬきつつ、そしてどこまでも日光に向かって伸び続けて生きているのでしょう。それが第三者的外側の見方ではなく、「当の本人としての生命力」というものです。

われわれ「人間のいのち」も外側の第三者的見方からいえばこそ、単に「脳が働いていればこそ」と思うのであり、また死に対しては、ただ「ご苦労様でした」の一言で片付くわけですが、しかし「そのいのちを生きる、当の本人、自己」としては、「自己こそが何から何まで」であり、何を取りあげても自己でないものはない「自己ぎりの自己」です。それでこんな当の本人としての自己を生きればこそ、「生死」も単に「生者必滅」という一般論では片付かぬ問題として現われてきます。

それというのも「自己」は「死なねばならぬ絶対事実」のなかにありながら、同時に「必死の生存本能をもちつつ」生きているからです。いやこの生存本能というのは単に「死にたくない、生きていたい」という平面的なことばかりではありません。実はわれわれの生存本能は「いつでも何かしていなければいられない」。そして「できるならいつも何か面白い目をしていたい」ということとしても働きます。そしてそれどころか、もし面白い目ができぬなら、たとえ悲しみでも苦しみでも、あるいは過去を思い出し愚痴や嘆きをいってでも、さらにあるいは何か心配事を捜し出してでも、とにかくいつも何かしていずにはいられない——つまり「退屈が一番かなわない」「いつも退屈しのぎをしていずにはいられない」というのが「生存本能」というものなのです。

そういえば人類はその生きる営みとして、各方面にそれこそ絢爛《けんらん》たる文化を開花させてきておりますが、結局「その根本は」といえば、すべてこの生存本能としての「退屈しのぎの営み」の産物でしかないといえるのでないでしょうか。そしてまた、われわれの現在のあらゆる営み、恋愛、結婚、家庭、子産み子育て、スポーツ趣味娯楽、社交などはもちろん、金儲け、権力闘争、さらには仕事研究、学問芸術宗教に到るまで、すべてはみな人間退屈しのぎの小道具でしかありません。

しかし私、この頃すっかり年老《と》ってきて初めて分かったことですが、老いも最後となって、身も心も鈍化してくると、こういう退屈しのぎの小道具遊びが、すべて白《しら》けてきて、みな味気なくなってきてしまいます。それというのも若い頃には何といっても、いつもああしたい、こうしたいという心が働き、またそのアテを描く明日というものがありました。ところが老いも最後となってくると、今はもう、そういうアテを描く明日は無く、かえって何を見ても何の感興も感動も湧いてはきません。というのは今は何を見ても何をするにも、自分の死がわが前にチラツクばかりだからです。

では既に全くの死灰枯木《しかいこぼく》かというと、そうでもなく――これはまだ私自身が呆けてはいないせいだと思うのですが――老いの最後とはいえ、こうして息して生きている限り、やはりまだ生存本能が、自らの内に働いているのを感ずるのです。――その今の私の内に働く生存本能とはどんなものか。――それはこんな「退屈しのぎの小道具遊び」ではなく、しかしこの老いの最後の一日、一日の「長きこの日々」において何か本当の「今を生きる意味」「生き甲斐」だけはもちたいということです。

いやこれは老いの最後だけにおいて出会うとは限りますまい。まだ若くあっても不治の病《やまい》を患《わずら》って働けぬ人の場合――もし今その病苦で苦しんでいるのであれば、その苦しみと闘うという退屈しのぎをしているので、それなりに問題はないでしょうが、――そうではなく不治の病で働けぬとはいえ、現在は別に大した苦痛はないという場合、今日のひとときを一体どんな気持ちで過ごすでしょう。あるいは死刑を宣告されてありながら、何時か分からぬ執行を待つ人の日々も、どんな気持ちで過ごすでしょう。――やはりその場合もおそらく今の私と同じように、「今を生きる意味」「今の生き甲斐」こそを模索するのでないでしょうか。

その点、確かにこんな退屈しのぎの小道具すべてを奪《と》り上げられてしまった病者や、あるいはそんな小道具オモチャ遊びがバカバカしく味気なくなってしまった老いの最後の人が考える「今を生きる意味、生き甲斐」の模索こそは人間最後ギリギリの生存本能なのではないかと、この頃の私は思うのです。

「生存本能」と「死の絶対事実」こそは人間生命の根本的矛盾だと繰り返しいってきましたが、今いうような働けぬ病人や死刑囚、及び老いの最後における「今日を生きる意味」「生き甲斐」の模索こそは、本質的に負わされてある絶対矛盾を生きる人間生命の、最も煮つまった声であり、いやむしろかえって、この究極からこそ人生を見直してみることが大事なのではないかと思うのです。

というのはもし、もう一歩深くつっこんで考えてみると、今この何を見ても白けて味気なくなっているということは、本当は一切の世間的出来事に紛《まぎ》らわされずに、全く純粋に、「不生《ふしょう》不滅、不垢《ふく》不浄、不増不滅」、「一切が二つに分かれる以前の生のいのち」に近づいているからであるともいえるのでないでしょうか。

そうしてみれば、今ここ純粋に生きる意味、生き甲斐を求める生存本能は、いよいよその生《なま》のいのちの深さに近づいてゆくことなのであり、その深さに向かっていよいよ進むことこそが、老いても病んでも囚《とら》われていていても、「今を生きる意味そのもの」なのだともいえるでしょう。

南無仏
すべてが白け味気なくなった
老いの最後の私にとって
残されてあるのは
不生不滅、不垢不浄
不増不減の深さだけ
ここに常楽我浄の道を見出して
つつしんで南無仏し　南無仏す

その点、今やギリギリにまで煮つまったわれわれの問題に対し、『聖書』は最も明快にその生き方を教えてくれています。

「朽《く》つる糧《かて》のためならで、永遠《とこしえ》の生命《いのち》にまで至る糧のために働け」（ヨハネ六の二七）

「天地は過ぎゆかん、然《さ》れど我が言《ことば》は過ぎ往くことなし」（マタイ二四の三五）

そうです。ここにいう永遠の生命とは、時間的永久という存在がどこかにコロガッテおり、それを求めるということではありません。どうせ天地間のどこかにコロッと存在するものは、いずれ過ぎ往くものでしかないからです。今いう永遠のいのちとは、先にもいったように、「生と滅」「有と無」「見ると見られる」「思うと思われる」「自と他」「拝むと拝まれる」など「すべての二つが分かれる以前」（あるいは仏教的にいえば、すべての二つが滅し已《お》わった以後、涅槃）――つまり「人間的思いの加わらぬ生《なま》のいのち」「神の創造力そのもの」「自他の見のやんだ仏法」をいいます。

われわれの自己は確かにこういう「生《なま》のいのち」を生き、そして「生《なま》のいのち」で死んでゆくのです。しかしこの「生死する自己の生《なま》のいのちそのもの」は生滅以前の力であり、不生不滅の力です。それ故「思い」を表に立てて生きている人間にとっては、どこまでもそれを追求しながらも、絶対到達できぬところになければなりません。それは「思いが働く力」ではあっても「思われたもの」のなかにはないからです。またそれは「思いをもつ自己」の底に働きながら、「思いをもつ自己」が到達することはできぬ深さです。つまり「思いの自己」が、それを求めながら無限に到達し終わることのない「思い以上の自己」への道――この自己から自己への無限の距離こそが、終わりのない、限りなき「永遠いのち」の深さです。

だから永遠のいのちは、決して既成品的存在として在るものでもなければ、それを追求せぬところにもありません。かえってそれは、どこまでも限りなく追求し、それを大事に拝んでいるところに、その永遠いのちの水が滾々《こんこん》と湧き出してくる永遠の泉です。これを釈尊は波羅提木叉《はらだいもくしゃ》といわれ、道元禅師は証上《しょうじょう》の修《しゅ》、修証一如《しゅしょういちにょ》といわれました。

せっかく人間として生まれて来、生存本能をもって生きている限りは、いかに老いても病んでも、あるいは囚われていても、今日を生きる証《あかし》として、この「生《なま》のいのち」に対し、あたかも右手に左手を合わせて拝むように、今ここ「拝むという生《なま》のいのち」を持ち出して「拝み」、ここに「拝む、拝まれる」が「一つである生《なま》のいのち現成」を覚触しながら生きていきたいと、今の私はそれを修行しています。結局、今の息は今息しつつ生きるのが「生《なま》のいのち」なのであり、これこそが「永遠のいのち」を「今此処生きる、生《なま》のいのち」なのですから。

「人もし渇《かわ》かば我に来りて飲め、我を信ずる者は聖書（『旧約聖書』）に云えるごとく、その腹より活《い》ける水、川となりて流れ出ずべし」（ヨハネ七の三七、三八）

（了）

《連載あとがき》

以上をもって『拈自己抄』の連載を終わらせていただきます。ご愛読有難うございました。先の『御いのち抄』は三年間に三十回も推敲しつつ、そのあげく一書にしたのでしたが、続いて書き始めた本稿は、書きつつ連載してきたので、ついに全体として見渡し推敲する暇はありませんでした。

それでこれからもう一度全体として読み直しつつ、さらに深めて加筆すべきは加筆し推敲して、来年になってから一書として刊行したいと思っています。

とにかく私としては『御いのち抄』と共に、この『拈自己抄』を私の畢生作とするつもりです。また来年一書としてまとめた際、改めて『御いのち抄』とともにご愛読お願いいたします。

平成五年三月

あとがき

内山興正老師の著作のほとんどは最初、柏樹社という出版社から出されています。その会社は今はもうありませんが、中山信作さんがご自身の願いから設立された小さな出版社でした。老師は中山さんと親しくなされており、そこから毎月出されていた機関誌（初めは『まみず』のちに『柏樹』と改名）によく詩や短文を書いておられました。本書はそこに二十八回にわたって連載されたものを、そのまま一冊にまとめたものです。

「連載あとがき」にもありますように、老師は改めてその全体を推敲しさらに深めて一書となさるおつもりでしたが、それから五年間の最晩年は病気がちであり、もうその力は残されてはいませんでした。この『拈自己抄』を全精魂として使い尽くされたのだと思います。『拈自己抄』は十七、八歳の頃から自己の真実に生きようと歩んでこられた老師八十六年のいのちの結晶です。「以何令衆生、得入無上道、速成就仏身」の願いの結実です。

既成的な宗教・宗派のなかで生きず、現代に生を受けたまっさらな人間としてただ真っ直ぐに自己を生きようとされた、そのように生きることがそのまま、本当の宗教の在り方を明らかにし、その道を切り拓いていかれたのだと思います。何を取り上げても自己でないものはなく、老師はただその自己を生きることによって一切を生き、そこに向かって選りすぐり、純化し、澄浄していかれました。それを老師は拝む息吹《いぶ》きのなかに全うされたと思います。いや、拝んでも拝んでも、届かない。生きても生きても、生き切れない。その限りないことそのままが、永遠のなかの木洩れ日のように、静謐《せいひつ》で透明で、満ち足りていたでしょう。

老師ご遷化《せんげ》のあと、この大切な本はすぐにも発刊してよかったわけですが、いつの間にか今日になってしまいました。私のなかでそれなりに落ち着くのにこの二十年の歳月が必要だったのかもしれません。本書が真実に生きようと志すあらゆる自己の礎《いしずえ》となって生き続けて、宗教ともいわなくていい人類の真の歴史が切り拓かれていくことを願っております。

今回も、編集部の小山弘利さんには大変お世話になりました。今までつつがなく老師の本の復刊が続いているのも、大法輪閣の石原大道社長と小山さんのお心遣いによるところが大です。本当に有難うございました。

令和元年、深い秋の訪れのなかで――

櫛谷　宗則

内山　興正（うちやま・こうしょう）

明治45年、東京に生まれる。早稲田大学西洋哲学科を卒業、さらに2年間同大学院に在籍後、宮崎公教神学校教師となる。昭和16年、沢木興道老師について出家得度。以来坐禅修行一筋に生き、昭和40年、沢木老師遷化の後は、安泰寺堂頭として10年間弟子の育成と坐禅の普及に努める。平成10年3月13日、示寂。

著作は数多く、英独仏伊語などにも訳されている。主著に『正法眼蔵―生死を味わう』『正法眼蔵―現成公案・摩訶般若波羅蜜を味わう』『正法眼蔵―仏性を味わう』『正法眼蔵―行仏威儀を味わう』『いのちの働き―知事清規を味わう』『観音経・十句観音経を味わう』『坐禅の意味と実際』『内山興正老師 いのちの問答』（以上、大法輪閣）『御いのち抄』（柏樹社）『進みと安らい』（サンガ）etc。

拈《ねん》自《じ》己《こ》抄《しょう》

2019年12月8日　初版第1刷発行 ©

著　者　内山興正
編　者　櫛谷宗則
発行人　石原大道
印刷所　亜細亜印刷株式会社
製　本　東京美術紙工協業組合
発行所　有限会社 大法輪閣
東京都渋谷区東2-5-36　大泉ビル2F
TEL　(03) 5466-1401（代表）
振替　00130-8-19番

ISBN978-4-8046-1420-5　C0015　Printed in Japan